砺行与担当

创业者的时代搏击

高峰 等著

ZHEJIANG UNIVERSITY PRESS
浙江大学出版社

图书在版编目（CIP）数据

砺行与担当：创业者的时代搏击 / 高峰等著. —
杭州：浙江大学出版社，2020.11
ISBN 978-7-308-20757-7

Ⅰ.①砺… Ⅱ.①高… Ⅲ.①浙江大学—校友—创业
—经验 Ⅳ.①F249.275.5

中国版本图书馆 CIP 数据核字（2020）第 218324 号

砺行与担当：创业者的时代搏击

高　峰　等著

责任编辑	张一弛	
责任校对	谢　焕	
封面设计	周　灵	
出版发行	浙江大学出版社	
	（杭州市天目山路 148 号　邮政编码 310007）	
	（网址：http://www.zjupress.com）	
排　　版	杭州中大图文设计有限公司	
印　　刷	杭州高腾印务有限公司	
开　　本	710mm×1000mm　1/16	
印　　张	17.5	
字　　数	250 千	
版 印 次	2020 年 11 月第 1 版　2020 年 11 月第 1 次印刷	
书　　号	ISBN 978-7-308-20757-7	
定　　价	50.00 元	

卷首语

高校创业教育答问

创新创业是国家发展之根、民族振兴之魂。大力发展创新创业教育意义深远。

多年来,笔者就大家关心的问题,做过一些粗浅的思考和探索,在此进行初步的梳理,就教于方家!

问:如何看待大学生创业的意义?

答:大学生创业是决胜未来中国百年之基石,其意义怎么强调都不为过。我们要做好大学生创业工作,最基础的是软性工作,即推动尊重创业、尊重企业家的文化和氛围的形成。创业是一种价值观,一种生活方式,一种担当意识,一种分享精神。没有价值观作为最核心的支撑,大学生创业就无法发生,更遑论那种以身相殉的坚持。如果接受过大学教育的人,追求的都只是稳定的工作,国家就没有活力。所有国家,从农业文明迈向工业文明,都必然地会产生创业的价值观和社会文化、社会心态。有着几千年"学而优则仕"传统和轻商思想的中国,现在正走向中国特色的新型工业化、信息化、城镇化和农业现代化。国家大力实施创新驱动发展战略，创新创业的价值观必然要产生，必然要成为社会主流意识，这是大势。推进尊重创业、尊重企业家的环境建设，正是顺势而为。当前，创业的范式正发生深刻的转型，创业的生态环境正在不断改善，创业更容易发生、存活、发展，乃至成功，"学而优则创"的价值观正在逐步形成，中华民族的创新创业热情正喷涌而出，我相信，创业军必兴，中国梦必圆！

问：当前创业教育，最需要改进的地方是什么？

答：创业教育的格局还可以更大。

在创业教育上，我们不应过多地将视线聚焦在功利的标准上，创业教育的关键，在于创业价值观的传播和兴起，这是创业教育最具深远价值和其能够占据重要历史地位的原因所在，也是创业教育一定要名校引领的根本原因。不明白这一点，就把握不了创业教育对于中华民族的重大意义和价值。

创业教育的重点，是企业家精神的培育和创业素养的打造。企业家精神的培育，尤在乎尊重创业、尊重企业家的价值观的形成。我们不可能每个人都成为企业家，社会也不需要每个人都成为企业家，但社会需要弘扬尊重创业、尊重企业家的价值观。创业素养的打造，重点在于，在变化和不确定的环境中勇于承担责任，积极主动地寻求与把握机会，高效地整合与利用资源，明智地决策，创造性地解决问题，创新并创造价值。创业素养应该是渗透于我们生活中的一种思维方式和行为模式。

问：谈到创业教育，它和专业教育、思政教育之间是什么关系？

答：深化创新创业教育改革是党中央、国务院实施创新驱动发展战略的迫切要求，是高等教育改革的突破口和重中之重；专业教育是大学的立校之本；思政教育是人才培养的政治保障。三者同为落实"立德树人"根本任务的重要组成部分，是一个融合共生的有机体，要克服"三张皮"现象。思政教育要充分挖掘创业教育、专业教育的资源优势、载体优势、协同优势,培养具备社会主义核心价值观,有创新精神、创业意识、创新创业能力的高素质人才。

问:如果梳理浙江大学的办学历程,其创新创业教育最本质的特征是什么?

答:个人观点是,浙江大学的创新创业教育,最本质的特征在于它始终是一种内生型的创新创业教育。1897年,林启在为浙江巡抚廖寿丰起草的《浙江巡抚廖中丞奏设求是书院折》中写道:"窃维居今日而图治,以培养人材为第一义;居今日而育才,以讲求实学为第一义。"可以说,浙江大学诞生的基因即是讲求实学,科技报国、产业报国,用现在的话讲正是家国情怀与创新创业价值观。123年以来,浙江大学始终以培育学生"树我邦国"的家国情怀、"开物前民"的创新创业价值观为底蕴,将创新创业教育深度融合入专业教育、课程教育、实践教育中,培育出了一代又一代基于学科、基于专业、基于技术的科技报国与产业报国人才!

基于家国情怀与创新创业价值观培育,基于专业教育、课程教育、实践教育与创新创业教育深度融合的内生型创新创业教育,正是浙江大学与生俱来的基因与价值选择,一体两翼,并且123年以来一直久久为功,生生不息。这也正是浙江大学创新创业人才辈出的原因所在!

问:对促进高校师生创业的政策设计上,有什么建议?

答:我们还需要进一步深化科技成果转化的政策设计,现有的政策对科技人员兼职创业、离岗创业的管理办法、激励方法等做了很好的安排,我们可以继续对其他系列的老师出台类似的政策,丰富科技成果转化的主体,大力鼓励他们与科技人员、校友、在校大学生等协同创业。

此外,政府可以出台专门的补贴政策,鼓励应届毕业生去成立两年之内的初创企业工作,同时对成立两年之内的初创企业进行体系化扶持。一则可以解决初创公司招人难的问题，二则早期员工是初创公司最重要的资产，也是对创始团队有益的补充。在初创公司的早期员工中，走出了更多的优秀创业者。

另外，建立高校之间开放、共享的创业教育平台。创业教育本质上是一个超大规模的开放共享系统，要鼓励各高校将自己的优势资源放到平台上，政府可以以购买公共服务的方式进行激励，培养各参与主体融合共生、协同天下的理念，越开放越发展，越共享越卓越。

问：能否简单提炼一下高校开展创业教育的逻辑脉络？

答：一是区分广义创业教育与自主创业教育，二是倡导内生型创业教育，三是打造内生型创业教育的路径，四是抓好内生型创业教育的关键和重点。

问：从事创业教育这么多年，都有哪些体会？

答：创业教育最迫切需要的还是启蒙。我们要区分广义创业教育（面向全体学生，侧重企业家精神培养，本质上是新时期的素质教育）与狭义创业教育（又称自主创业教育，即与开办企业相关的教育，面向以创业为价值追求的特定学生），加强创业教育是党中央、国务院对建设创新型国家的重大布局。

我们要进一步明确创业教育的历史地位。创业教育最深远的意义是变革中国几千年来的"官本位"价值观，让优秀人才投身到创新中去，投身到创业中去，投身到创造中去，激活中国人创新、创业、创造的活力与激情，为中华民族的伟大复兴奠定坚实的经济基础、思想基础、文化基础。

创业教育需要一个完整的架构：价值观、体系、平台、生态环境、价值链条、商业系统等。每个部分都缺一不可，而价值链条的设计与商业系统的打造是最需要智慧的。

对一个以创业为价值追求的人来说，开始创业实践越早越好，这正如对一个以科学研究为价值追求的人来说,科研开始得越早越好一样。

创业教育,可总结为二十个字:融合共生,协同天下,培育一代新人,复兴中华民族。

问:对于社会高度关注的"硬科技"创业,我们可以做一些什么?

答:"硬科技"创业面向的正是关键领域、被"卡脖子"的地方,"硬科技"创业教育,应该引领高校创业教育的方向。

我们要系统打造"硬科技"创业的支撑平台。一是建设师生、校友、社会力量协同创业联盟,打通创业主体之间融合共生、协同发展的通道。在联盟之外,再设立一个发展圈层,统合更多"硬科技"创业资源。二是在优势学科群上建设交叉复合的平台,打造具备核心竞争力的"硬科技"创业孵化支撑体系,让创业项目有更强大的竞争力。三是培育超级孵化器、超级加速器、超级转化器等市场主体,体系化支撑"硬科技"创业公司发展。四是与地方政府、头部创投机构和投行、金融机构、产业整合平台、律师事务所、会计师事务所等融合共生,打造"硬科技"创业生态系统,推进"硬科技"企业快速持续健康发展。五是开设"硬科技"创业领英班,建设"硬科技"创业实践基地,将学员以创业小组形式派往相关企业开展创业实践,小组在实践中寻找到新的市场需求、市场痛点和应用场景后,寻找拥有相关"硬科技"成果的老师、拥有相关行业经验的校友做联合创始人,形成初步的创业团队,落地到超级孵化器进行孵化。这样,就打造了一个"硬科技创业人才培养＋硬科技创业项目形成＋超级孵化器孵化"的闭环体系。

高　峰

2020 年 11 月 6 日

目　　录

吴晓波：
知识就是力量

吴晓波，睿华创新管理研究院（杭州）有限公司创始人、首席科学家。

博士，博士生导师，浙江大学管理学院教授。教育部"长江学者"特聘教授，国家"万人计划"领军人才。浙江大学求是特聘教授、管理学院前院长、全球浙商研究院创始院长。现任浙江大学创新管理与持续竞争力研究中心主任、浙江大学—剑桥大学"全球化制造与创新管理联合研究中心"中方主任、睿华创新管理研究所联席所长、新兴经济体商学院联盟 CEEMAN 副主席、中国经济社会理事会理事、全球未来理事会（Global Future Councils, GFC）理事。

2019 年获首届教育部杰出教学奖。其教学及科研成果曾获国家级教学成果奖一等奖等国家级、省部级奖十余项。1999 年创办"浙江大学高科技创新与创业管理强化班"，培养出个推（每日互动）、滴滴、晶丰明源等科技创新驱动的创业企业 120 余家，总市值超过千亿元。还介入早期创业辅导，培育了海康威视、光珀等面向全球的行业领先企业。多年来积极从事以竞争战略与技术创新管理为核心的研究，在创新管理、全球化制造与创新、信息技术与管理变革等领域做出了开拓性研究，提出了从"二次创新"到"超越追赶"的"C 理论"，将理论运用于企业实践，促成了大批企业的崛起。曾任吉利集团、西门子（中国）、海康威视、杭氧股份、西子联合控股、新和成、茅台集团、亨通集团、红狮水泥等多家企业的战略顾问或独立董事，以培养"引领中国未来发展的健康力量"为己任。

睿华创新管理研究院（杭州）有限公司（以下简称睿华研究院）成立于 2019 年 11 月 8 日，是研究和推广先进管理理论和方法的企业智库。

睿华研究院致力于引领中国企业的健康可持续发展，成就世界级的中国领袖企业。睿华研究院坚持研究和开发基于中国一流管理实践且具指导意义的管理理论、方法和工具，愿景是"做引领更多中国企业成为国际一流企业的智库"，使命是"助力百亿企业成长为千亿企业，助力隐形冠军企业成为全球市场领袖企业，助力千万小微企业健康成长；让'纸上谈兵'的人实现更大价值"。睿华研究院相信知识就是力量，"以把握时代变革的理性和面向未来的洞见引领中国企业从优秀走向卓越"，目标是成为企业健康发展的一流智库。

高峰：吴老师，能否谈谈您成立睿华研究院的初心？

吴晓波：我多年来一直从事以竞争战略和技术创新管理为核心的研究，提出"二次创新"管理理论，亦从事企业创新与战略管理咨询，长期以来与企业共同成长。通过对中国领先企业管理活动的长期研究、观察与互动，我深刻地认识到，仅靠西方的经典管理理论并不能有效地解释和指导国内企业的成长，尤其是在以"网络化""数字化""智能化"广泛应用为特征的第四次产业革命时代，中国企业迫切需要一套有效的管理理论和方法体系来突破瓶颈，实现高质量健康成长。"成就世界级的中国企业领袖"，这个使命必须由一个专业的、能够紧密地把理论界和产业界连接在一起的企业智库来实现，还需要突破旧有的"铁饭碗"思想和理论脱离实际的象牙塔研究模式。在此背景下，我联合了一批志同道合的实业界、投资界和学术界人士，共同成立了睿华研究院。

高峰：睿华研究院的社会价值和经济价值如何体现？

吴晓波：睿华研究院致力于系统研究、开发并推广面向 21 世纪企业管理的"C 理论"，是中国一流企业管理经验的理论提炼者和推广者，更是中国企业从追赶走向创新超越的激发者、合作者和引领者。

近期，睿华研究院致力于开展四大业务：开发基于中国一流企业最佳实践的现代管理理论、方法和工具；构建产业资本与金融资本相结合的创新战略，加速龙头企业的有效兼并、收购和重组，催生更多世界级产业领袖企业和产业整合者；坚持高、精、尖、深，精准扶持和培育更多扎根于某个细分领域的全球隐形冠军企业；开发企业管理操作系统，合力打造和提升服务于众多小微企业的管理平台。

具体而言，睿华研究院的社会价值体现在以下方面：

- 基于多年来对中国一流企业管理实践的深入研究，形成能够影响世界的适应"非线性成长"的新时代管理理论——"C理论"。打通从管理理论到管理方法再到管理工具的管理链，为中国企业安上源自中国一流实践，又能指导更多企业快速提升管理水平和能力的"发动机"，为中国企业管理培训和咨询服务配上科学实用的"源头活水"。

- 成为产业政策的专业智库。通过对中国企业及相关产业长时间、多领域和全方位的研究，定期分析、测评产业发展态势，为政府建言献策，成为各级政府的重要思想库和智囊团。

- 建立卓越的国际影响力。通过与剑桥大学、牛津大学、斯坦福大学、麻省理工学院、巴黎高等商学院、欧洲商学院、新兴经济体商学院联盟、世界经济论坛（WEF）等国际一流平台的对接，以及对管理学"C理论"的国际制高点的占领，力创"世界管理论坛/世界创业论坛"，形成国际影响力，与国际管理学界和产业政策界展开对话，在重塑世界经济格局和全球治理体系中凸显中国力量。

- 助力产业园成为"杭州硅谷"。以浙大"双创"园、未来科技城和余杭区为核心，以杭州市和长三角地区为主要辐射区域，塑造基于科技创新的生态系统，在已经创办并形成强势影响力的"强化班"的基础上，快速打通以"浙大系"为核心的新创企业到科创板上市的通道，培育一批领袖企业和隐形冠军。

吴晓波教授团队定期发布《中国企业健康指数报告》

高峰：您觉得成长起来的睿华研究院将是什么样子的？

吴晓波：睿华研究院的优势体现在拥有以"C理论"为核心的扎根中国的管理理论；以优秀企业家、产业分析专家和投资者共同构成的卓越管理团队；联结商业领袖与产业龙头，汇聚全球学界前沿思想的强大社会资本；以及对接国际一流智库、研究机构和投资机构的关键利益者网络。

睿华研究院的创新性可以用"知""融""合""广"四个字来归纳。

"知"是指理论创新。睿华研究院站在第四次产业革命的新的时代起点上，塑造新管理知识，为中国企业提供"超越追赶的管理理论和方法、工具"之先进"武器"，助力和引领中国企业成长。

"融""合""广"则指实践创新。"融"指睿华研究院融通国内外产业资本与金融资本，培育产业整合者；"合"指联结政、产、学和国际知名智库，既为企业服务，也为政府制定创新创业相关政策提供有效建议；"广"指通过管理软件平台和创新数据库，覆盖千万创业企业，提供包容性创新成长服务。

企业智库的崛起是一个国家崛起的必备条件之一，如美国的兰德公司和日本的野村综合研究所对本国产业发展起着积极作用。睿华研究院致力于成为国际一流的企业智库，不但能对中国产业升级和中国企业国际化成长发挥引领作用，而且成为中国企业思想库的代表，成为在中国企业超越追赶的发展进程中对世界管理理论和实践做出贡献的引领者，在世界范围内产生深远的积极的影响。

高峰：您和您的团队一直以来致力于"C理论"的研究，您的研究工作是如何与商业化的创业行为产生化学反应的？更进一步，您的研究和创业如何在更高层面发挥价值？

吴晓波：从学生时代开始，我的导师许庆瑞院士就要求我们"把论文写在祖国大地上"。我的博士论文就是基于杭州制氧机厂和杭州齿轮厂技术创新的实践经验，发现中国企业在引进国外技术的基础上所进行的再创新，具有与发达国家不同的动态规律，由此提出了"二次创新"理论。海康威视和杭氧股份就是在"二次创新"理论指导下成长起来的。

从历史上看，18世纪英国称霸世界，有亚当·斯密的《国富论》作为理论支撑；20世纪初，美国制造业领先全球的背后有弗雷德里克·泰勒的《科学管理原理》；20世纪中后期，伴随日本经济崛起的是《改变世界的机器》和《Z理论》。今天，随着华为、吉利、海康威视等一大批中国企业走上世界舞台，我们深刻感受到现在国内已经具备了诞生先进管理理论的实践基础，迫切需要对中国企业积极进取、包容性创新、拥抱"不确定性"、非线性成长的动态特征进一步提炼总结，将其升华成可以为更多企业所用的"C理论"。这是时代的呼唤！

吴晓波教授（右二）在吉利汽车贵阳工厂调研

睿华研究院是 6 年前在任正非先生的支持下，在浙江大学管理学院设立"睿华创新管理研究所"的基础上创立的新型企业智库。6 年来，我们团队与华为国际顾问田涛先生率领的华为前任高管团队紧密合作，创办了由华为前任高管和浙江大学教授共讲互动的"睿华四季论坛"，每季与成长型企业家互动分享一流企业管理的实践经验，在此基础上提炼开发"C 理论"之华为管理系列丛书。其中，《华为管理变革》一书是迄今最为完整地描述华为管理变革历程的专著，其英文版由国际著名的剑桥大学出版社出版，产生了重要的国际影响，也为今日睿华研究院的发展奠定了重要的基础。

在探索提炼"C 理论"的过程中，公司化运作的睿华研究院将成为连接理论研究和实践的桥梁和平台。其自身亦需要运用"市场化体制机制"将理论与实践紧密结合，以克服传统体制下理论与实践脱节的问题，真正激发高素质研究者，让他们有动力去开发面向实践的管理方法和工具，去深入企业指导实战。我们将以市场化的方式整合各方资源，激发"纸上谈兵"者的创造力，让"纸上谈兵"者的价值在真实的企业竞争中得以体现。从过程上看，我希望学术研究与创业相辅相成，在真实的战场上实现实践与理论不断互动和迭代并呈螺旋式上升。

不管是做研究还是开公司，我的初心都是希望为中国企业的崛起做出贡献。就睿华研究院来说，我们团队的目标是做成世界一流的企业智库，形成中国自己的管理思想库、方法库和工具库，补上中国企业在管理方面的短板，以我们的科学素养和才智助推中国企业超越追赶，实现全球崛起。

高峰：睿华研究院将会在区域创新体系中发挥什么作用？

吴晓波：一般来看，区域创新体系是由企业、科研院所、高校、中介服务机构、地方政府等相关主体共同构成的协同创新的组织体系。以省市区三级政府重点打造的未来科技城为例，区域内已经有以浙江大学、杭州师范大学、海康研究院、阿里达摩院为代表的一流大学和企业研究机构，有以阿里巴巴、中电海康为代表的一批头部企业,也有以赛伯乐、梦想小镇为代表的风险投资机构和创业孵化平台,还有以之江实验室、西湖大学为牵引的新型科技创新源头机构。遗憾的是,目前看来,"产学研用"这条创新链并没有完全打通,各方优势资源还未能形成高效的合力。作为智库,睿华研究院将通过与各级政府部门、企业界、主流媒体、研究机构和学术界的沟通,连接创新链中未能贯通的环节,切实推进"围绕产业链部署创新链,围绕创新链布局产业链",以实现对"硅谷模式"的超越。就如硅谷之于美国和世界,杭州未来科技城将站在新的起点上,实现超越追赶式的发展,势将成为推动杭州、浙江、全国乃至全球新经济发展之源头和发动机。

◆ **高峰手记:**

　　睿华研究院融合中国企业优秀实践和学术界最新理论成果,系统总结提炼中国特色管理理论、方法和工具,为企业界、投资界和政府相关部门提供路径指引、决策支持和政策建议。以吴晓波教授为代表的研究专家,与长期关注中国产业发展的产业专家、产业投资者的团队组合,使睿华研究院成为中国成功管理实践经验和全球前沿管理思想的汇聚地,也确立了睿华研究院作为国内优秀组织管理与产业演化研究专业性智库的潜在地位,必将助力中国产业转型升级,推动更多中国企业跻身国际一流企业行列。

刘雪松：
科技赋能中药新发展

刘雪松,泽达易盛(天津)科技股份有限公司创始人、首席科学家。

博士,博士生导师,浙江大学求是特聘教授。现代中药研究所常务副所长,第二批国家"万人计划"入选者,中国科协求是杰出青年奖获得者,浙江省"151"人才,江苏省双创领军人才。兼任浙江大学苏州工业技术研究院现代中药研究中心主任,中国医药设备工程自动化专业委员会主任委员,世界中医药学会联合会中药系统科学与工程专业委员会常务理事,国家制药装备产业技术创新战略联盟副理事长等。

研发系列先进智能制药技术,组建浙江大学现代中药及大健康创制团队,荣获教育部技术发明奖一等奖、二等奖,中国产学研成果转化奖二等奖,中国优秀专利奖等20余个奖项;承担和参与发展和改革委员会中药现代化专项7项,科技部新药创制重大科技专项、攻关课题18项,科技部大技术平台专项1项,工业和信息化部首批两化融合专项1项,工业和信息化部智能制造专项5项等共计40余项。项目曾获2019年中国"好设计"金奖,入选2019年"中国智能制造十大科技进展"。作为主要发起人组织制定出版首个中药生产工艺流程的ISO国际标准,正在申请国际标准1项。创办科创板上市企业1家,高新技术企业数家。

泽达易盛(天津)科技股份有限公司(以下简称泽达易盛)成立

于2013年，是国家高新技术企业。公司秉承"以人为本，海纳百川，求是创新，追求卓越"的经营理念，自成立以来，创建信息和医药交叉融合创新的核心技术群，打造智能医药生产和智慧医药流通两大信息化平台，并将业务延伸到产业链上游的农业领域，以信息化技术推动医药健康产业高质量发展。目前公司业务已覆盖多个省市，与国内大部分大中型中药制药企业建立了良好的合作关系。2018年获教育部科技进步奖二等奖；2019年以医药领域第一排序中标工业和信息化部"2019年智能制造系统解决方案供应商（医药）"，入围江苏省工业互联网服务资源池单位。

高峰：为什么要做中药现代化？

刘雪松：我们希望把高效节能的新型装备，以自动化、在线检测为核心的全程质量控制技术等现代化的生产方式和传统中药产业结合起来，突破以往中药制造过程中的瓶颈，探索先进的中药制造之路。

中药是我国最有比较优势、理论体系完备且自主知识产权最为完整的健康产业，其传承极具原创性。目前国内规模以上中药企业约有 3000 多家，总体上看来，企业现有的生产装备、质量控制等技术都比较落后，不仅能耗大、资源浪费严重，而且药品质量批次间差异大。以低碳绿色环保的新工艺、新型高效节能装备、自动化控制技术、在线检测技术等为核心的中药先进制造技术体系，可以帮助传统中药企业大幅度降低成本，显著提高质量控制和制药技术水平，已经成为未来国家中药发展战略中的重要部分，代表我国中药现代化的发展趋势。目前国内中药企业绝大多数都存在技术改革的需求，这一市场未来的发展空间很大。

高峰：能介绍一下自己和中药的渊源吗？

刘雪松：我与中药的渊源从 2000 年开始，已有 20 年。再往前追溯 7 年，在浙江大学"尖子班""混合班"的经历为我后来在中药与自动化、信息化学科的交叉融合方面埋下了伏笔。混合班的经历对我的个人素质、人生观、价

17

值观都带来了深刻的影响。一是交叉学科的创新引进。如果没有经过学生时期的严格训练，我很难将其他领域的知识糅合进来，像现在使用的在线光谱分析等，原来是用来检测大豆、石油、月球土壤的技术，将这样的技术应用到中药制造里来，是跨学科的应用。二是自己的人生观有所改变。经过这样的历练之后，我的承压能力增强，眼界更开阔了。三是有很多师兄弟在全世界范围内都是拔尖的人才，这就为就业、创业、创新营造了一个质优且具有继承性的人脉网络。

刘雪松（右）与同事除夕加班

经过混合班的培训之后，我进入浙江大学电机系工业自动化专业，1998年硕士毕业即留校任教。2000年年初的时候，浙江大学筹建中药系，原来在混合班任教的老师就引荐了我，当时我分析了中药的现状和未来发展，认为中药是我国最具比较优势、自主知识产权最为完整的健康产业，有系统的理论指导体系，而当下技术应用层面的落后意味着未来有很大的发展空间。混合班交叉学科的影响，让我能很快实现从一个领域到另一个领域的跨越。做了调动决定之后，我花了很长时间读了药物分析学的博士。2007年年底，创建了浙江大学现代中药创制团队。这个团队汇集了中药新药开发、中药装备、中药工程等方面的5位教师，研究方向涵盖中药研究到生产的全环节。目前这个团队已发展成为承担国家中药现代化科研和产业化课题数量最多、质量最高的团队之一。2011年开始，我和团队陆续成立了苏州泽达兴邦医药科技有限公司、泽达易盛（天津）科技股份有限公司等，致力于中药的智能制造成果转化，并将药材的种植、生产、流通环节进行全产业链数字化打通。这一路走来就是20年。

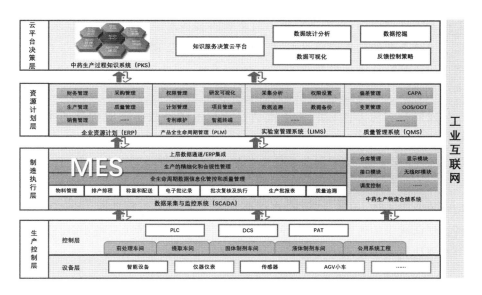

中药智能制造整体解决方案

高峰：从创新到创业，战略是如何实施的？

刘雪松：我先后担任浙江大学长沙技术转移中心主任、浙江大学温州（龙湾）食品与制药装备技术转移中心主任、浙江大学现代中药研究所副所长、浙江大学苏州工业技术研究院现代中药研究中心主任、中国医药设备工程自动化专业委员会主任委员、世界中医药学会联合会中药系统科学与工程专业委员会常务理事、国家制药装备产业技术创新战略联盟副理事长等职务。通过组织科技交易会，带着团队走访企业，参加弗戈工业论坛、蒲公英制药技术论坛、中药提取技术国际会议、全国制药机械博览会等各种学术会议和专业性展会并多次做学术报告，为中药现代化关键技术的推广做出了一定的贡献。同时，我也在产学研合作方面取得了一定的成绩，联合中药企业获批科技部重大新药创制专项 12 项、发改委产业化示范项目 5 项、科技部重大新药创制技术平台项目 1 项。

通过上面提到的几个平台，我们积极推进创新技术和成果的转化及相关技术的推广应用，提升了我国中药企业的装备水准和自动化控制水平，提高了中药企业的信息管理水平，提升了药品质量及其稳定性，对促进我国中药现代化关键技术的发展做出了一定的贡献，创造了显著的社会效益。我们依托于浙江大学药学院，根据科技部《关于推动产业技术创新战略联盟构建与发展的实施办法》和《关于推动产业技术创新战略联盟构建的指导意见》，联合制药装备行业的科研、设计、制造、检测和使用等方面的 40 余家单位，参与发起成立"国家制药装备产业技术创新战略联盟"，并被聘任为副理事长和专家技术委员会副主任委员。国家制药装备产业技术创新战略联盟是以企业为主体、市场为导向、产学研相结合的技术创新体系，有助于推进科技创新成果的转化，从而引导我国中药产业技术的创新与进步，促进我国中药现代化关键技术的发展。

高峰：中药现代化方面都有哪些主要技术和产品？有哪些创新成果？

刘雪松：我们提供的是一种中药智能制造的整体解决方案，最终帮助制药企业建成智能工厂。我们的方案以自主知识产权的 MES（制造执行系统）、SCADA（数据采集与监视控制系统）为核心，围绕中药生产全过程，以提升中药质量，实现中药生产的数字化、网络化、智能化和标准化为方向，开展集成创新研究，集成创新智能传感与控制技术、信息化管理技术、智能物流技术、大数据技术等先进技术，使其与传统中药生产工艺深度融合；同时依托制药智能工程系统集成技术，集成单元生产装备、检测装备、智能传感仪表，DCS（分散控制系统）、PAT（过程分析技术）、ERP（企业资源计划）、MES、SCADA、PKS（过程知识系统）等智能装备及工业软件，建立互联互通、信息集成、优化自决策的中药智能工厂。实现整个企业从上层的企业管理到下层的生产操作控制之间的信息传输交换的无缝集成；实现一线生产、检验、管理数据不可更改的实时记录；实现从原料至成品生产全过程的安全质量管理；实现药品生产过程数字化、规范化；推动中药企业实现转型升级，促进中药产业的智能化发展。

在技术方面，一是中药高效节能制药装备与工艺及自动化控制技术。该项技术是在国家科技支撑计划攻关和实施过程中形成的具有自主知识产权的创新技术，解决了目前国内中药企业生产设备落后、药材利用率低、溶剂消耗量大等缺点，改变了我国中药企业以人工操作为主的传统控制模式，实现了中药生产过程的自动化控制，大大提高了工艺参数控制水平，提升了药品质量及其稳定性。

二是中药生产过程在线质量检测技术。该项技术是在多项国家科技攻关计划研究过程中形成的具有自主知识产权的创新技术，解决了现有中药企业缺乏过程质量控制手段的难题，实现了中药药材原料和成品的快速质量检测，以及中药生产过程中间体质量的在线检测，技术居国内领先水平。以菏泽步长丹红注射液为例，该技术的应用，使丹红注射液的含量稳定性提高50%。

三是中药生产过程信息管理技术。我们参照国际先进的cGMP(动态药品生产管理规范)和GAMP(优秀自动化制造规范)，开发了融合现代信息处理技术的药品安全生产监控信息管理系统。该管理系统能实现中药从原料至成品生产全过程的安全质量管理，实现数字GMP(药品生产质量管理规范)先进制造，同时为国家监管部门实施实时监管提供技术保障，最大限度地降低药品生产过程中污染、交叉污染及混淆、差错等风险，确保持续稳定地生产出符合预定用途和注册要求的药品。

四是中药制药过程知识管理技术。针对中药生产工艺特点，将数据挖掘和知识服务技术应用于中药现代化生产过程的优化和质量控制中，为中药企业构建基于生产工艺参数和质量控制参数的过程知识管理系统，形成中药制药过程控制管理体系，相关技术居国内领先水平，荣获2013年教育部科学技术发明奖一等奖。

同时，我们团队发展创新了产学研合作模式，在全国组织策划了多项重大产学研合作项目，承建了山东步长制药、九芝堂、上海凯宝药业等100余家中药企业的数字化生产线。相关技术成果的推广应用，使传统中药的生产过程和药理成分得以实现精确化、标准化，在提升产品质量、提高生产效率、节能降耗方面为企业创造了巨大的经济效益和社会效益，使中成药生产过程质量控制技术得到快速提升，在保证中药产品质量稳定均一、安全有效，推进中药产业整体质量控制水平提高等方面提供了新的研究思路，标志着我国现代中药制造产业进入数字化、智能化、标准化时代。

高峰：能通过一两个典型案例说明一下科技成果的转化效果吗？

刘雪松：以江苏康缘药业为例。2012年，我带领团队与康缘药业开展全面产学研战略合作，在康缘药业热毒宁注射液品种系统性研究成果的基础上，将所研中药数字化智能制造关键技术（DCS＋PAT＋MES）进行产业化应用，构建国内领先的中药注射液智能制造提取精制工厂，联合申报科技部企业技术创新集群及数字化制造大平台项目，获批财政资金 7500 万元。

该项目由我们团队实施，总投资 4.8 亿元，是目前国内规模最大的中药数字化提取车间。该项目将数字化、智能化、标准化的中药智能制造技术贯穿于精制提取生产链的各个环节，建成了数字化工厂系统模型和企业核心数据库，搭建了与生产过程控制、生产管理系统互通集成的实时通信与数据平台，达成对生产设备运行状态的实时监控、故障报警和诊断分析，实现了生产系统全过程智能化、数字化跟踪。项目于 2014 年年底竣工，2015 年 2 月通过新版 GMP 认证，3 月投产使用。2015 年 6 月 20 日晚，中央电视台《新闻联播》栏目报道了康缘创新发展智能制造、推进产业转型升级的新闻，报道称：我国中药产业第一个数字化智能车间在江苏建成。

信息化、智能化的改造，为江苏康缘药业中药生产带来了显著的成效，主要体现为：制造程序实现了安全的集中管理、严格的流程审批、高效的自动传输，并对设备进行了 24 小时全天候的状态实时监控，包括设备开关机、故障信息、生产状态、维护保养等信息，均在第一时间及时告知，有效地减少了信息不透明导致的沟通与审核时间过长的问题，实现了生产信息最大限度的共享，实现了生产过程中对生产准备情况、工艺参数、质量检测、公用系统等各类信息的实时化、透明化、精益化管理。与原有车间相比，单位产能提高 23％，蒸汽能耗降低 15％，水电能耗降低 15.3％，企业运营成本在同等产能的情况下降低约 18％，批次间产品质量的稳定性进一步提高（RSD ＜5％）。

康缘药业中药提取智能工厂

康缘药业中控室

高峰：这次新冠肺炎疫情期间，不少中医药都在治疗和预防中发挥了重要作用。你们的团队主要做了些什么？

刘雪松：在2020年国内新冠肺炎疫情的阻击战中，传承已久的中医药冲锋在前，隔离状态下"互联网＋"勇挑重担，成为我国抗疫及复工复产顺利进行的两大亮点。对于我们这支立足医药产业融合创新创业的团队而言，有危急关头创新迭代的挑战，也看到了迎难而上、快速崛起的历史机遇。

在疫情突发时，泽达易盛发挥自身的技术创新平台优势和系统开发人才聚集优势，火速升级相关信息化平台及系统应用，高效健全国家公共应急管理体系，全方位丰富疫情相关风险数据采集源，全面提高智慧城市、智慧乡村乃至智慧社区治理应用中区域数据共享和区域联合预警的能力，以点带面，示范性地推动融合早期预警链体系的信息平台优化，以科学防控、联防联控，提高依法防控、柔性布控、精准监控的"云端"实力。基于疫情期间蔬菜及生鲜产品线上交易量猛增的实际情况，我们将主动采集和平台推送相结合，定时自动采集、保存和识别检测对象平台所有目标商户的经营信息，集聚网络食品交易核心数据，运用大数据和人工智能的先进技术，搭建专业水准的可视化应用，分析筛查蔬菜及生鲜产品质量违规、价格违规行为，快速建立起网络食品交易监测数据采集体系，为疫情之下民众的饮食健康提供"云支撑"。

在新冠肺炎疫情防控期间，医院停诊，交通阻断，由公司支持的浙江大学医学院附属第二医院互联网医院通过药事服务平台集合院内专家全天候为患者提供义诊服务，有效缓解了疫情之下广大患者的就医难问题。疫情让我们更加清醒地认识到互联网诊疗的势在必行，泽达易盛有责任和义务利用信息化手段解决这一看病难问题。

在新冠肺炎确诊病例的康复救治过程中，中医药发挥了不可替代的作用，团队前期建设的百余条中药大品种数字化生产线更是为抗击疫情提供了疗效确切的临床药物支持。据统计，被纳入《新型冠状病毒肺炎诊疗方案

康缘药业提取车间

刘雪松团队联合康缘药业获得的部分荣誉及资质

（试行第七版）》推荐的八种中药注射剂中，血必净注射液、热毒宁注射液、喜炎平注射液等七个品种的生产都采用了本公司的数字化智能制造信息服务。中药实实在在的疗效也让更多人认识到中医药在传承中创新发展的重要性。

2020年全国"两会"期间，曾率队亲赴武汉抗疫一线的张伯礼院士针对中药信息化、智能化制造体系建设，强烈建议引导扶持中药产业全链条实现智能化升级。李克强总理在政府工作报告中也指出"推进智能制造，全面推进'互联网＋'，打造数字经济新优势"。可以说，国家正以更宽广的视野推动中医药的传承、创新、发展，团队所依托的中医药事业正迎来前所未有的历史机遇。

我们相信，团队相关创新成果陆续在国内多家中药企业的投入使用，将有效解决中药生产过程系统集成及互联互通中存在的技术难题，实现信息技术与制造业的深度融合，促进信息技术向工艺设计、生产、流通等环节渗透，推进企业数字化、智能化转型。在"后疫情时期"，智能制造将成为医药产业加速转型升级的智慧选择，团队将继续瞄准中药生产过程中关键技术在线控制的前沿阵地，系统性精进中药智能制造解决方案，全力助推中药产业由传统制造向智能制造的高质量发展。

◆ 高峰手记：

刘雪松教授领衔组建了国内一流的现代中药创制研究团队，开发了以中药全产业链智能制造整体解决方案为目标的中药数字化制造和生产全程质量控制技术群，聚焦中药从原料、生产、制造到流通过程的工艺和质量控制，结合严格的中药生产管理，构建全产业链的中药数字化、智能化管控技术体系，实现 GMP 规范下人、机、料、法、环的多维、多角度、多系统深度融合，形成了一系列具有自主知识产权的关键性核心技术，解决了中药行业先前参数控制精度不高、批次间一致性差等普遍性问题，实现中药全产业链生产制造系统的信息化管理，保证数据的完整性及可追溯性，通过 PKS 确保中药生产工艺和质量的可预测化及优化，为行业提供智能决策参考。

作为中药现代化领域的参与者与推动者之一、全国领先的浙江大学现代中药研究所的核心人物，刘雪松心中始终怀着一个中国梦，把具有自主知识产权的先进制药技术应用于中药行业，通过不懈努力，力争将中药制药推进到国际先进水平，切切实实把文章写在祖国大地上，在新时代中华民族复兴的大业中，让中药为国人健康保驾护航。

高超：
石墨烯时代之梦

高超，杭州高烯科技有限公司创始人、首席科学家。

博士，博士生导师，浙江大学求是特聘教授，高分子科学研究所所长，第二批国家"万人计划"入选者，国家杰出青年基金获得者。主要从事石墨烯宏观组装等方面的研究。发表 SCI 收录文章200 余篇，他引 15000 余次，H 因子 65。获得中国发明专利授权 64项，授权美国专利 1 项、日本专利 1 项，已有 78 项（含申请专利）中国发明专利全部实现专利权转让。担任 *Carbon Energy*（《碳能源》）、*Nano-Micro Lett*（《纳微快报》）、《中国科学：化学》等期刊编委。获全国（百篇）优秀博士学位论文奖，入选科技部"创新人才推进计划中青年科技创新领军人才"、亚太材料科学院（Academician of Asia-Pacific Academy of Materials，APAM）院士，获得首届"钱宝钧纤维材料青年学者奖"，项目成果获"金袋鼠世界创新奖（Gold Kangaroo World Innovation Award）""浙江大学十大学术进展"等荣誉。

杭州高烯科技有限公司（以下简称高烯科技）创建于 2016 年。公司秉承首创（First）、极致（Best）、使命（Most）"3T"经营理念，致力于单层石墨烯及其宏观组装材料的研发、生产及技术服务。已申请石墨烯领域专利近 300 项，其中发明型专利占比 80%。成功开发出石墨烯"1＋3 型"产业链技术和产品：单层氧化石墨烯、石墨烯多功能复合纤维、石墨烯电热膜、石墨烯导热膜，技术指标国际领先，获得国际石墨烯产品认证中心（IGCC）全球首个单层氧化石墨烯及单层氧化石墨烯改性功能纤维产品认证证书。2020年，公司启动终端品牌——烯凤凰，坚持原创引领，质量当先。2019年11月，高烯科技通过质量管理体系认证，2018年9月通过知识产权管理体系认证。2019年，公司获评"杭州市领军型创新团队""杭州市专利示范企业"，获得"2019年度石墨烯＋纺织产品跨界融合奖"。公司现为国家高新技术企业、全国科技型中小企业。"高瞻远瞩，烯美天下"，高烯科技专注于单层石墨烯及其宏观材料，奋力开创石墨烯产业新纪元。

高峰：石墨烯到底是什么？对中国而言意味着什么？

高超：简单地讲，石墨烯就是单层石墨。石墨是一种层状碳材料，1毫米厚的石墨可以剥离成约300万片石墨烯。石墨烯具有神奇的力、电、热、光、声等性能，被誉为"新材料之王""可以改变21世纪的革命性新材料"。其发现者安德烈·盖姆（Andre Geim）及康斯坦丁·诺沃肖洛夫（Konstantin Novoselov）于2010年获得诺贝尔物理学奖。

对中国而言，石墨烯技术意味着中华民族的伟大复兴和引领人类未来的重大战略机遇。

我曾经写过一首关于石墨烯的小诗：

烯 望

石陶铜铁竞风流，
信息时代硅独秀。
量子纪元孰占优？
一片石墨立潮头。

人类历史经历了石器、陶器、铜器、铁器时代，当下正处在硅时代，下一个时代，称为量子时代，其决定性材料是什么呢？很可能就是石墨烯，也就是"一片石墨"。谁掌握了石墨烯核心科技，谁就将在下一个人类大时代中处于主动和引领地位。西方发达国家如美、英、欧等都纷纷投入巨资开展石墨烯研究。国家要强盛，民族要复兴，世界要大同，中国必须奋力发展石墨烯技术。

高峰：石墨烯研究热门且竞争激烈，能否给大家介绍一下您的主要创新成果？

高超：我研究碳纳米材料已经 20 年了。我在英国的博士后导师哈里·克罗托（Harry Kroto）爵士是富勒烯 C60 的发现者，曾获 1996 年诺贝尔化学奖，因此我跟碳材料是有渊源的。

我于 2008 年加入浙江大学后就开始研究石墨烯，当时我选择了独特的研究视角，从经典的单片石墨烯转向了多片石墨烯即石墨烯群的研究，解决了纳米粒子如何组装成宏观材料的关键性科学难题，取得了原创性成果，可以概括为"两个发现、四个发明"。具体指：发现了氧化石墨烯液晶及自融合现象；发明了石墨烯纤维（Fiber）、石墨烯组装膜（Film）、石墨烯泡沫（Foam）及石墨烯无纺布（Fabric），简称"F4"。石墨烯纤维的打结图入选 *Nature* 2011"年度图片"；超轻弹性碳气凝胶入选 2013 年中国十大科技进展新闻，入选最轻固体吉尼斯世界纪录；研究成果两次入选浙江大学十大学术进展。

高峰：从创新到创业，您的主要思考是什么？

高超：首先，创业要打通产学研链条，把论文的创新成果继续书写在祖国的大地上。石墨烯要成为量子时代的核心材料，必须从实验室走向产业化，这是我们这一代人的历史使命。从基础研究到产业化，需要打通"料—材—器—造—控—用"（即原料、材料、器件、制造装备、数字化控制及应用）

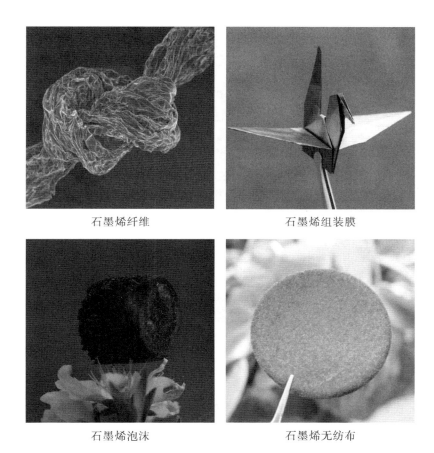

石墨烯纤维　　　　　　　　石墨烯组装膜

石墨烯泡沫　　　　　　　　石墨烯无纺布

六大关节,道路漫长,处处凶险。但既然历史选择了我们这一代人,不管产业化道路多么艰难,必须有人先迈出这一步。高烯科技的创业理念是首创(First)、极致(Best)、使命(Most),就是要服务国家需求,勇担时代使命。

高烯科技创业理念：首创（First）、极致（Best）、使命（Most）

其次，客观上讲，我们国家具备了发展石墨烯大产业的先天优势和后天基础，从创新到创业大概率是会成功的。

一有资源。我国的石墨矿产资源丰富，约占全球70％。

二有技术。以浙江大学等为代表的高校和科研院所在石墨烯领域做出了适合产业化的原创性成果，如石墨烯纤维、柔性散热膜等。

三有人才。从院士到工程师，懂石墨烯的人才越来越多。

四有政策。国家及地方政府出台了多项政策，支持石墨烯产业发展。

五有机会。石墨烯2004年才被发现，我国发展与国际同步，产业化可能走在前列,有利于打造石墨烯新生态产业群。

六有需求。我国产业齐全,门类众多,转型升级及技术革新需求强烈,加上复杂的国际形势,我国要建立自主自控的工业体系,需要借力石墨烯等新材料和新技术。

最后,石墨烯市场存在假冒伪劣等乱象,需要真正的石墨烯产品出来正名。高烯科技生产的高品质产品,包括单层氧化石墨烯原料、石墨烯多功能康护纤维、烯凤凰袜子等终端消费品等已经全面进入市场,获得了客户的高度认可和良好口碑,这让我们更加有信心继续深耕这片希望的沃土,树立石墨烯产业标杆,推动行业可持续健康发展。

高峰:您希望高烯科技怎样去发挥其社会价值和经济价值?

高超:社会价值方面,一是重视知识产权。"加强知识产权保护,是完善产权保护制度最重要的内容,也是提高我国经济竞争力的最大激励。"拥有完全自主知识产权的科技型创业公司是新时代的排头兵。肩负如此重要的使命和责任,我们一定要充分挖掘自己的内生动力,发挥好在社会价值和产业经济中的正能量角色。高烯科技是国家高新技术企业、全国科技型中小企业,截至目前,授权发明专利 33 项、申请 182 项;授权实用新型专利20 项,申请 29 项;申请国际专利 26 项,还从浙江大学受让了 70 多项专利,各个方向的专利布局还在持续推进中。二是吸引高学历人才就业。高烯科技十分重视研发投入,企业研发团队成员中有 6 人拥有博士学位,9 人拥有硕士学位,更面向社会,希望引进更多优秀的一流高校博士毕业生和海外知名大学高学历人才加入。三是完成了多个"世界第一"。高烯科技生产出全球第一个也是目前唯一通过 IGCC(国际石墨烯产品认证中心)认证的单层氧化石墨烯及其改性功能纤维产品,倡导将每年的 6 月 6 日设立为国际石墨烯日(International Graphene Day),开展了全国第一个关于石墨烯的线上公益科普讲座活动,为武汉市金银潭医院抗疫战士捐赠了石墨烯康护产品等。

高烯科技将石墨烯多功能复合纤维终端产品捐赠给武汉市金银潭医院(左)，
为医院工作人员分发捐赠物资(右)

经济价值方面，高烯科技确立了一个核心原料及三个应用材料"1＋3"的产品模式，建立了全球首条纺丝级单层氧化石墨烯十吨生产线并试车成功，掌握了万吨级单层石墨烯多功能复合纤维规模化生产技术，实现了高柔性石墨烯电热膜的量产，突破了高柔性、高导热石墨烯散热膜连续制备技术。2020年将全面打开市场，3年产值突破20亿，经过8至10年努力，打造出千亿产值的石墨烯产业，拉动万亿产值的产业链。

高峰：您对高烯科技发展现状和市场现状的感受如何？对未来怎么看？

高超：在高德纳(Gartner)技术成熟度曲线上，石墨烯产业化已经历了技术萌芽、期望高峰、泡沫破灭期，进入了较理性的爬坡期，真正的产业化启航了。小康社会需要标志性的物质生活必需品和配套的小康精神理念：穿好、睡好，身体才好。因此，高烯科技首先将石墨烯应用在大健康领域，石墨烯多功能康护纤维有望开启康护纺织新时代，提高人们的生活品质，市场前景广阔。

氧化石墨烯液晶、大片单层石墨烯品质及量产单层氧化石墨烯产品

量产单层石墨烯涤纶复合纤维及单层石墨烯基健康纺织品

国际石墨烯产品认证中心（IGCC）

技术委员会副主席沃纳·贝尔霍兹（Werner Bergholz）博士为高烯科技颁发认证证书

石墨烯产业化健康可持续发展，可走"三生"模型路线，即伴生、共生、创生。伴生，就是石墨烯作为功能助剂或"工业味精"添加到高分子、陶瓷、金属等传统材料中，制备纳米复合材料。其用量较少，但可提升产品性能，增强功能，拓宽用途，促进产业转型升级。如石墨烯功能复合纤维、防腐涂料、散热涂料、导电涂料、导电剂、导热胶、电磁屏蔽涂层等，现已突破分散技术，实现量产，进入市场推广阶段。共生，就是石墨烯作为材料主要成分，在功能上起主导作用，如电热膜、散热膜、打印电路、传感器等，现已进入产业化初期阶段，产品在市场上可见，但占有率还不大。创生，就是石墨烯作为材料支撑骨架，相较于传统竞品材料，在功能或性能上有颠覆性，起到决定性或"撒手锏"级作用，如石墨烯纤维、海水淡化膜、柔性触摸屏、光电子芯片等，目前处于基础研究及技术研发阶段。经过"三生"阶续发展，石墨烯先从量变入市，过渡到高市场占有，最终实现质变。

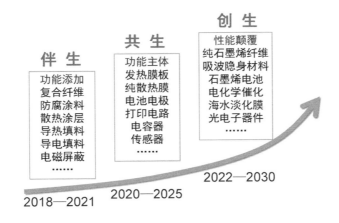

石墨烯产业发展的"三生"模型

　　高烯科技深入学习习近平总书记在浙江工作期间提出的"八八战略"，提出高烯"1010 发展战略"。第一个"10"就是打造 10 大高烯产品（包括 1 个单层氧化石墨烯核心原料、3 个量产材料、3 个战略器件、3 个终端产品）；第二个"10"就是建设 10 个"高烯"：技术高烯、产品高烯、营销高烯、市场高烯、人才高烯、品牌高烯、文化高烯、教育高烯、资本高烯、公益高烯，最终建设成"世界烯都"和"东方烯谷"。

　　高峰：能否给大家展望一下石墨烯的未来？

　　高超：石墨烯的未来已来，石墨烯的远方将至。我写了一首小诗畅想石墨烯无限的应用前景。

未来烯世界

衣住用行玩，
智芯能电感。
星空天地海，
烯用疆无边。

　　第一层次 2C，石墨烯用于穿戴服饰、家居用品、百货商品、交通出行、文娱产品。

　　第二层次 2B，石墨烯用于芯片、能源、电子、传感设备。

　　第三层次 2N，满足国家需求，石墨烯用于航天、远洋、星际、太空。

　　中国制造业的未来在于创新，更在于原创。希望我们这一代通过智慧实现制造业的中国梦。

◆ 高峰手记：

高烯科技在科学的政策激励、优渥的创业环境下茁壮成长，在高品质单层氧化石墨烯原料及石墨烯多功能康护纤维产品的研发生产上成绩不凡，公司已经完成专利布局，事业规划宏大，原创技术领先。作为中国石墨烯专利公开招拍挂受让第一企，高烯科技从创新走向创业，从书架走到货架，解决世界性技术难题，在全球范围内首次实现单层氧化石墨烯量产，标志着石墨烯产业化进入单层时代、国际引领时代、有序发展时代；十年磨一"纤"，突破聚合、分散、纺丝三大技术难题，在全球范围内首次实现单层氧化石墨烯改性功能纤维量产，以高端纤维新品种推进纤维强国，开启康护纤维时代；解决原料量产、宏观组装、微量分散、微型器件"4M"关键科技问题，提出"三生"产业化模型，推动石墨烯产业可持续健康发展。

高超教授和高烯科技追求的事业，可谓是新时代的"两弹一星"工程——两烯一芯（单层氧化石墨烯原料、纯石墨烯纤维、石墨烯基光电子芯片），他们正开启"碳时代"，创造"烯文明"，在人类新文明史上勒石燕然，封狼居胥。

熊蓉:
以技术助力社会发展

熊蓉，杭州迦智科技有限公司创始人、董事长。

博士，博士生导师。浙江大学控制科学与工程学院教授、机器人方向学术带头人、机器人工程专业主要奠基人，科技部"十三五""智能机器人"重点专项专家组专家，机器人世界杯（RoboCup）国际理事会副理事长。

自 2000 年起开展机器人智能感知与控制技术研究，主持国家及省部级重点项目近 20 项。在复杂动态环境准确建模与 Robust 定位、高效高精视觉伺服运动与演示编程学习、仿生腿足快速运动与平衡控制等研究领域取得系列创新成果，自主研制了国际上首套可进行快速连续动态乒乓球对打的仿人机器人、首次面向大型国际活动批量交付的具备自主移动智能交互服务的世博会海宝机器人、国内领先的电机驱动可跑跳四足机器人，以及屡获国际冠军的小型足球机器人等，在国内外产生重要影响。在 IEEE 会刊等上发表论文 80 余篇，授权国家发明专利 60 余项、美国发明专利 1 项。获浙江省科学技术奖一等奖、浙江省教学成果奖一等奖、国家教学成果奖二等奖及全国五一巾帼奖章、宝钢优秀教师奖等荣誉。

熊蓉教授始终坚持以技术服务社会、将技术转化为生产力为方向，长期致力于应用领域中问题的挖掘和解决，与航天院等国家重点领域单位，腾讯、联想等知名民企及"国际机器人四大家族"之一的 ABB 开展了长期深入的合作，相关技术在工业、港口、汽车、航天、特种等领域得到了应用验证，22 项专利实现企业使用转让，培育了变电站自主巡检机器人、自然导航工厂搬运机器人等国产高端机器人产品。

熊蓉教授带领团队自2008年起持续开展机器人相关产业化的探索，陆续合作和孵化了多家国内知名的机器人企业，并于2016年7月成立了团队控股的创业公司——杭州迦智科技有限公司（以下简称迦智科技）。

迦智科技以"用智能机器人技术推动社会进步"为使命，以"成为国际一流智能机器人企业"为愿景，以"永续探索"为企业文化。公司拥有行业领先的研发实力，核心团队来自浙江大学、清华大学、东南大学等知名高校，多位核心成员曾受国家基金委资助赴卡内基梅隆、斯坦福等国际知名高校研究学习。公司现阶段专注于服务智能制造领域，致力于解决工厂物流的自动化、信息化、柔性化和"端到端"的无人化，通过提供多模式自然无轨导航新型搬运机器人、灵活贯穿全流程的调度管理软件和适配行业高效生产的智慧物流解决方案，助力制造业企业打造数字化、无人化智能工厂。在2016至2019年间，公司营收增速逐年提升，增长速度领跑同赛道创业厂商。

迦智科技一角

高峰：熊老师，您是如何走上创业之路的？

熊蓉：我从 2000 年开始投身机器人技术领域，围绕着机器人自主移动和自主操作这两大功能性问题开展了机器人感知和控制方面的研究。由于在关键技术难题和集成系统研发方面的成果受到了社会的关注，因此和很多企业开展了合作研究，为其提供技术解决方案，并培育机器人产品。作为一名科技人员，我的初心就是希望所研发的技术是对国家和社会真正有用的，是能够解决实际难点和痛点的。

2011 年左右，制造业的升级改造成了国家发展的迫切需求，机器人是实现智能制造的重要抓手，但国产机器人和国外机器人相比还存在一定差距。以物流搬运机器人为例，国外开始出现利用 SLAM（同步定位与地图构建）技术的自然导航搬运机器人产品，而国内产品当时仍采用以磁钉、磁条、激光反射板等为配件的传统导航方式，难以适应 3C（Computer、Communication、Consumer Electronic）电子等的现代柔性制造行业需求。华为等企业向我们提出了灵活调度、无标识自然导航搬运的迫切需求；一些毕业的学生也有兴趣投身于技术的产业化，打造国产高端智能机器人产品，深入行业利用高新技术为企业提供整体智慧物流解决方案。在此背景下，我成立了迦智科技。

迦智科技全系工业级自主搬运 AGV（智能引导装置，部分）

迦智科技在电力成套行业数字化工厂内作业的
整厂物流智能转运车队（业内首创）

高峰：迦智科技致力于实现的社会价值是什么？如何打造自己的核心竞争力？

熊蓉：物流是生产制造的血液，生产制造中95％的时间用于储存、装卸和运输。现代高端制造业对物流自动化提出了多方面的新的需求，要求能够灵活调度、快速适应环境和产线调整，能够自主精准对接、解决"最后一米"无人化难题，能够提供信息服务、高效匹配生产调度系统并实现物流效率最优化等等。迦智科技就是面向行业需求，利用机器人和人工智能技术，打造企业整体智能物流解决方案和产品，通过新型智能移动作业机器人和软件系统打通从原料仓到产线、多生产线之间及产线与成品仓间的关键物流节点，实现全流程自动化和信息化闭环，帮助企业降本提效，转型升级。

引领传统工厂物流变革。作为国内专业的智能物流系统级产品提供商，迦智科技集算法、软件、硬件优势于一体，采用100％全自研国际领先的大范围长期鲁棒定位导航技术、高精视觉伺服控制技术和大规模机器人高效调度技术所形成的自主移动机器人系列产品，已成功落地于国内超百家制造工厂的多样化应用场景，其中大多为该类先进产品方案落地的全球首台(套)，是我国机器换人、人机协同作业、柔性生产和数字化工厂方面的重要实践。

持续创新，探索行业未来应用。坚持技术创新和科技赋能，迦智科技致力于通过前沿机器人技术，深入行业和用户，成为智慧工厂物流应用的持续领跑者。目前，迦智科技已成功攻克百级无尘洁净度、亚毫米级系统精度、室内外通用自主移动等多项行业领先技术，实现了多维高精度侧插智能AGV和室外10～60t级重载AGV等产品的量产化应用，填补了行业空白；结合市场需求，在密集混杂空间智能移动、人机交互全身柔顺作业、自然导航下拖车倒车等前瞻性技术方面取得诸多突破，为后续引领行业发展奠定基础。

迦智科技在电子信息制造行业数字化工厂内作业的
整厂物流智能转运车队（业界标杆）

迦智科技的全套智慧物流软件在数字化工厂综合调度中心的运行实景

迦智科技在电子通信行业数字化工厂内作业的
整厂物流智能转运车队（业界标杆）

迦智科技在电子通信行业数字化工厂内作业的
整厂物流多维侧叉作业车队（业内首创）

聚焦应用难题,实现"最后一米"物流应用。在自身深厚的技术积淀和支撑下,迦智科技真正深入到不同行业的差异化应用场景中。通过设计举升式、潜伏式、复合侧叉式、移动抓取式、辊筒对接式、复合作业臂等各种类型载具,结合迦智 AGV 实现了与工厂生产设备的高效高精对接,从而推动制造产线全流程的自动化与智能化。

高峰:怎么看待迦智科技现在的发展? 机器人市场的现状如何? 对未来有怎样的预判?

熊蓉:受人口红利消失的影响和高端制造发展的需求,制造工厂变革已成为大势所趋,市场对物流自动化的需求增量正在快速加大。目前,国内知名的大型制造业企业已经把建设智能工厂放在了非常重要的战略位置上,本次疫情也进一步推动了企业自动化发展的需求。在很多制造工厂面临生产人员无法按时到岗、生产计划无法按期开展的困境的当下,从迦智科技的客户反馈来看,得益于前期打造的智能物流系统,他们的生产得以有序开展。

目前,迦智科技凭借智能物流机器人产品及高效、稳定的整体解决方案,深入打磨各类应用场景,为用户提供从总体建议到规划设计、实施部署及运维(IT Operations)升级等涵盖项目全生命周期的服务。在规范高效的运维管理下,迦智科技在生产效率最高的时候可并行支持数十个项目,且保证项目的交付实施,已经具备持续交付和快速响应的能力与效率。在高可靠性技术的保障下,迦智产品已经实现连续 180 天无故障运行,以过硬的产品品质和国际一流的软硬件综合服务实力,为用户的高效生产保驾护航。下一步,迦智科技将进一步结合行业需求,打磨高品质、高性价比产品,助推行业用户提升产能和效益,共助中国制造腾飞。

◆ **高峰手记：**

　　熊蓉教授带领团队先是开展机器人产业化的探索，继而合作和孵化了多家国内知名的机器人企业，最终自主创业打造了 AGV 机器人的头部公司迦智科技，可以说，她探索了一条突破"硬科技"创业的可行路径——科技成果创业转化。习近平总书记指出："自力更生是中华民族自立于世界民族之林的奋斗基点，自主创新是我们攀登世界科技高峰的必由之路。"我希望涌现更多的熊蓉教授，在关键领域、被"卡脖子"的环节下大功夫，打破国外的技术封锁，不断取得重大突破，推动中国"硬科技"创业的不断发展。

钟崴：
自主创新构建
城市能源大脑

钟崴，杭州英集动力科技有限公司创始人、首席科学家。

博士，博士生导师，浙江大学能源工程学院、工程师学院教授，热工与动力系统研究所副所长。主要从事智慧能源与能源互联网技术研究。主持研发了在我国锅炉装备制造行业中处于主导地位的产品性能设计仿真软件，曾获省部级科技进步奖 10 项，入选 2018 年浙江省"151 人才工程"第二层次（数字经济专项）培养对象，现任中国城镇供热协会技术委员会委员、中国城镇供热协会标准化委员会委员、《区域供热》杂志编委。

自"九五"初期起，在国家科技计划项目的支持下，钟崴主持研发了具有完全自主知识产权的通用锅炉性能设计仿真软件，该软件已推广应用于我国锅炉装备制造行业产值排名 Top 50 中的 41 家，每年支撑的锅炉制造产值超 100 亿元，为我国锅炉装备制造行业提高自主创新能力和产能、消化引进技术发挥了重大作用。2014 年以来，钟崴敏锐把握到我国能源转型及发展"互联网＋"智慧能源的重大战略需求，带领团队开展智慧城市供热系统运行调控技术的攻关研发，并在"双创计划"支持下创办了杭州英集动力科技有限公司，以推动相关科技成果转化和应用落地。

杭州英集动力科技有限公司（以下简称英集动力）以构建中国智慧城市"供热大脑"为目标，借助工业互联网、大数据、人工智能、建模仿真等新一代信息技术，实现城市能源系统状态监测、安全分

59

析、故障诊断、优化调控的智慧升级。英集动力通过建立供热系统的"数字孪生"模型实现热能供应链的数字化整合，采用人工智能算法在线实时生成供热系统的优化运行调控方案，构建城市供热大脑，打造城市供热系统的智慧操作系统。英集动力的核心产品 viHeating 具有完全自主知识产权，经成果鉴定已达到国际领先技术水平。截至 2019 年年底，这一城市供热大脑实施项目已应用于北京、上海、郑州、天津、沈阳、济南、贵阳、无锡等 10 多个重点城市，接入的城乡居民供暖面积已达 3.5 亿平方米，系统接入的工业园区生产供热项目及城市级蒸汽供热项目覆盖总里程超 1000 公里，已经取得显著的经济效益和环境效益，并于 2019 年获得中国电力企业联合会技术科技创新奖一等奖、上海市科学技术进步奖二等奖。英集动力已于 2019 年 5 月获得千万级 Pre-A 轮投资，投资方为"城市大脑"提出者、阿里巴巴集团技术委员会主席王坚院士发起的云栖创投基金。

高峰：钟老师，您为什么会想到创办英集动力？

钟崴：我在浙江大学求学期间，就深受"求是创新"校训的影响，老一辈浙大人励精图治，通过自主科技创新支撑国家发展的事迹不断激励着我。我从读博士期间开始，前后历时20年，研发通用锅炉性能设计仿真软件，帮助我国锅炉装备制造全行业提高了设计能力，突破了国外的技术封锁，这一经历让我更加坚定了走自主创新的道路。

我们正在开启全面建设社会主义现代化强国的新征程，迫切需要在各领域发展形成一批世界一流的高新技术企业。我希望发挥自己专业背景交叉的特长和经验，组织和带领一批优秀的年轻人，以十年磨一剑的实干精神为国家发展做好一件事情。

当前，中国能源革命要求城市能源系统具有更强的灵活性和更高的系统能效。我国的城市供热系统规模庞大复杂，支撑着高密度城市的生产和生活用能，系统运行调控需要兼顾安全、环保、能效等多方面要求。针对这一城市能源基础设施的管控难题，可以通过工业互联网实现供热系统"源—网—荷—储"各环节设备要素的连接，进而采用机理建模仿真和工业大数据融合的方法构建供热系统的"数字孪生"模型，而后基于模型实现系统的状态监测、故障诊断、预测调控、运行优化的定量化科学决策。换句话说，就是为物理能源系统建立一个策略层的IT中台系统，成为城市能源系统运行的

智慧供热大屏展示系统

"大脑"，动态调配供需资源要素，统筹优化系统运行。几年前，我们就看到了这样一个智慧能源的未来，在使命感的驱动下，我和几个学生联合创办了英集动力，希望以产学研创新模式加快技术研发并落地应用。

高峰：英集动力追求的社会价值是什么？其经济价值如何体现？

钟崴：英集动力的使命是推动中国城市能源管理的智慧升级，作为世界第一人口大国和第二大经济体，我国的能源消费体量巨大，且伴随城镇化进程带来的人均能源消费水平提高，工业规模扩大带来的能耗提升，我国能源消耗仍处于进一步增长之中。在此形势下，我国正以"清洁低碳、安全高效"为目标推进能源生产与消费革命。集中供热成为保障人民生活品质、优化工业用能模式、推动社会经济可持续发展的关键支柱，供热问题已上升为关乎民生保障的国家问题。

钟崴教授主编的《中国供热蓝皮书2019》首发式现场

英集动力旨在通过科技创新引领能源行业高质量发展,利用先进的信息通信技术和互联网平台的优势构建城市能源系统运行的"大脑",实现与传统供热行业的融合,推进供热企业管理的规范化、供热系统运行的高效化、用户服务的多样化和便捷化,提升供热的现代化水平。

具体而言,英集动力的社会价值主要体现在以下几点:

(1)研发具有完全自主知识产权的供热管理系统,保障国家能源安全。供热安全是关系到国计民生的重大问题,英集动力的智慧供热管理系统具有完全自主知识产权,核心技术水平已经达到甚至超过国外同类软件,为我国能源安全提供保障。

（2）全面提升供热的安全性、可靠性，提高居民满意度。通过智慧供热可以解决城镇集中供热系统联网规模扩大、清洁热源接入带来系统动态性增加、环保排放约束日益严格、按需精准供热对供热品质和精细化程度要求不断提高所带来的一系列难题，全面提高供热安全性、可靠性，降低供热能耗，减少污染物排放，同时，显著提升供热服务能力和水平，使城镇供热系统成为承载人民美好生活的智慧城市的重要组成部分。

（3）推动整个供热行业向着智慧化转型升级。发展智慧供热对于促进化石能源清洁高效利用、支撑可再生能源消纳、提升能源应用综合效率、实现全面清洁供热具有重要意义。英集动力通过从智慧供热技术的研发到应用示范，引领整个供热行业向着精细化、智慧化的方向转型升级，提升整个行业的管理水平和服务水平。

高峰：英集动力有什么样的规划？

钟崴：未来英集动力的发展目标是"以科技创新引领供热行业高质量发展"。

智慧供热作为当前中国经济新旧动能转换升级过程中的重要驱动力，将推动供热行业加速实现"两化融合"与智慧升级，顺应新时代的社会经济发展需求，主动融入"数字经济"和新型城镇化建设，突破供热行业自身发展瓶颈。

供热行业经受住了疫情考验，在"后疫情时期"，供热行业要牢牢把握"新基建"带来的发展新机遇，加快行业转型步伐。当前，能源科技与数字技术的深度融合正深刻改变传统供热发展格局。英集动力将坚持科技创新，推动供热行业数字化、智能化发展，采用工业互联网进行热力资产的智能运维和性能优化，利用大数据、云计算等技术提升供热企业的生产管理及用户服务水平，显著增强政府的行业治理能力，实现新一代信息技术对传统供热行业的赋能，用科技创新引领供热行业高质量发展。

◆ 高峰手记：

　　工业互联网与能源系统的结合具有必然性，通过线上的信息策略实现对线下能源系统生产、输配、使用、存储等环节的动态优化配置，从而构建清洁低碳、安全高效的能源系统。当前，我国正大力加强智慧城市中基础设施系统的智慧管理能力。英集动力深耕城市集中供热这一垂直领域，基于"数字孪生"技术自主研发智慧"供热大脑"，已在北京、上海、郑州等多个重点城市开展落地实践并取得了突出的社会及经济效益。以钟崴教授为代表的创新创业团队成员深谙国内外智慧能源技术，同时有着坚定的民族自强的决心，这一人才与平台的组合确立了英集动力在这一细分领域的领头羊地位。在王坚院士发起的云栖创投基金引入后，英集动力已经拥有了引领中国供热行业和推动供热全产业链向智慧化转型的潜在能力，我们也向钟崴教授及其团队深沉的家国情怀表示敬仰！

许亚萍：
让水上运动成为
人们的一种生活方式

　　许亚萍,杭州乐川体育文化有限公司首席科学家。

　　浙江大学青年教师,皮划艇世界冠军,国际运动健将。北京体育大学运动与训练专业硕士,现任中国皮划艇协会俱乐部和青少年委员会主任、湖州市政协委员、湖州市水上运动协会主席。

　　2019年许亚萍被国家体育总局派往密歇根大学,2010年作为北京体育大学研究生冠军班首批留学成员赴威斯康星大学麦迪逊分校留学。同时,她还是东密歇根大学的高访团成员,国际搜救教练联盟(IRIA)亚洲首位R4女教官。

　　2010年,许亚萍从北京体育大学毕业后进入浙江大学执教,全身心投入水上运动推广事业,又被调入中国皮划艇协会备战奥运,担任青少年委员会主任。2018年因参加浙江卫视《奔跑吧,兄弟》节目录制,被誉为"跑男团麻辣教练"。2019年因参与"利奇马"台风救援,被央视誉为"金牌救援"。获得"浙江骄傲"2019年度人物、浙江省五四青年奖章、浙江省三八红旗手、教育部直属高等工科院校体育优秀工作者等荣誉。

　　杭州乐川体育文化有限公司(以下简称乐川体育)旗下拥有竞舟体育(2016年成立)和逐浪者(2013年成立)两个品牌,旨在推动水上运动文化在中国的普及发展,促进我国与国际水上运动的交流合作,是国内首家定位于水上运动科技与教育的公司,提供专业系统的青少年及成人水上教学培训、教练员考证（美国认证联盟ACA 中国合作方）、船艇装备研发，以及赛事活动的组织策划和运营执行等一体化服务。

公司通过专业的水上运动课程体系帮助孩子释放亲水的天性，在习得一项体育技能的同时，锻炼体魄，树立良好的价值观，不断发掘潜能，养成良好的运动习惯，成为健康、敏锐、坚韧的一代。

高峰:从美国留学归国时,您的选择机会很多,落脚杭州主要考虑的是什么?

许亚萍:与其说是我选择了杭州,不如说是杭州这座城市选择了我。10年前,我退役之后从美国留学回国,正当去向悬而未决之时,一则考古发现的新闻让我看到了方向。2010年,杭州临平出土了一艘5000年前的独木舟,这艘长达7米的独木舟也是目前国内发现最完整、最长的独木舟。我之前不关心考古,但是这艘独木舟的出土让我感觉尤为亲切,因为独木舟其实和皮划艇很相似。我突然感到这是一种冥冥中的召唤,有一股力量把我推向了杭州。

更幸运的是,到了杭州,我发现这是一个水系纵横发达而且水文化历史悠久的城市。作为一个"水上人",退役后还能延续自己的事业,并为杭州的水注入更多的活力和灵气,这是让我感到非常荣幸也非常幸福的。

我一直坚信全中国第一个水上运动的样板基地会在杭州诞生,正如我就职的大学——浙江大学,是全国第一所开设综合水上运动课程的高等院校,开创历史之先河,引领全国之发展。说到杭州,不得不提这座江南城市与生俱来的人本主义底蕴和在其影响下政府亲民爱民的执政理念。从2002年拆除西湖景区围墙,到2008年设置公共自行车,再到2015年"斑马线礼让行人"写进法规。这一系列坚实有力的举措让我深信杭州可以成为全国水上运动发展的首创性城市，水上运动会成为杭州市民的生活方式。

高峰：为什么会想到创业？

许亚萍：从当初那个不谙世事、一心只想拿金牌的小女生成长为如今能够带领公司致力于推广水上运动的"女创客"，这一路下来，我的身份经历了多重的转变。虽然其间也经历了大大小小的各种挑战，遇到过前所未有的阻力，但不变的是在这个过程中我不怕付出、不怕失败的心态，以及为水上运动奋斗终生的信念。我想支撑我走过来的力量正是源于水上运动这项体育赋予我的"海洋精神"，它是探索精神，是创新思维，是勇气魄力，更是海纳百川的气度。我想做的，就是把这份根植在我心中的海洋精神传递给每一个人。

训练中的许亚萍

水上安全救援课程

许亚萍创办的浙江大学水上运动课程

基于自身运动员和教练员的经历，我对青少年的体育教育和培训有着很深刻的认识。体育运动对青少年的价值不仅体现在强健体魄和磨砺意志，它更是青少年完善性格、健全人格不可缺失的一环。但就中国目前体育事业发展的现状来看，竞技体育与全民体育之间还没有实现有机的融合。以竞技体育为培养目标的青少年从小开始接受高强度的运动训练，他们缺失了义务教育；而现有教育体制下对全民体育的不够重视又导致很多青少年缺少了正确的体育价值观和体育引导，这两种教育模式对于我国青少年的培养都是不利的。而 2010 年那次留美学习的机会让我更加坚定了要回国做水上运动代言人、培育青年人体育精神的决心。在美国我发现，那里的水上运动很普及，人们沐浴阳光、贴近自然，享受水上运动带来的快乐；但在中国，水上运动只是很小一部分人的爱好。真正让我受到冲击的是，我看到中美两国在体育理念、体育体制和体育产业发展上存在的巨大差距，我开始思考如何让体育回归教育，中国的体育事业究竟该如何发展。作为中国体育曾经的功勋一员，我深感自己有责任去推动中国体育的发展，让更多人慢慢感受到体育精神，哪怕只有一点点。

因此，从北京体育大学毕业之后，我加入了浙江大学，我相信这所与"水"结缘的大学是我体育运动生涯中天时地利人和的第二个起点。一开始，学校并没有水上运动的相关课程，我只能从最基础的游泳课着手开展教学。后来通过我的不断沟通和争取，从开设皮划艇课到成立水上俱乐部，再到开展水上运动会，一个适合浙大的水上运动体系从 0 到 1 慢慢被组建起来。

然而，更多我没有预料到的难题一个个接踵而至。推广水上运动需要大量资金投入及相关政府部门的支持，此外，还需要专业的教练团队和赛事运营团队保驾护航，这些问题像一座座大山横亘在我的面前。一个人的公益推广力量太渺小、太薄弱，我深刻意识到，要想实现水上运动的可持续发展，必须依托市场化的手段和资本的力量。因此，我成立了乐川体育，一

许亚萍带领浙江大学代表队夺得
第二届全国大学生皮划艇锦标赛团体第一名

个致力于促进水上运动文化在中国的普及发展,集水上运动教育培训、水上运动赛事、水上安全救援、水上运动旅行于一体的平台。

高峰: 的确,利用市场化力量推动才是最有效的手段。乐川体育是如何着手推动水上运动的普及和发展的?

许亚萍: 乐川体育以"发展中国水上体育事业,让中国青少年更强更健康"为使命,秉承"水中乐,少年强"的理念,面向青少年提供体育教育式服务。我们的教师团队由专业的水上运动(皮划艇、赛艇、龙舟等)教练、国际运动健将、皮划艇世界冠军、美国国家队现役队员、全国冠军、救护员、国际职业培训师及营养师共同组成,我们基于将"知识与技能""过程与方法""情感态度与价值观"三者有机结合的课程设计理念,构建出"LE 课程"教学体系,让学生不仅"学会",还要"学乐",最后"会学",全方位培养青少年的运动能力、健康行为、社会行为及情感态度。

我们看到水上运动产业正在出现与互联网、健康、养老、旅游、文化等相关产业和行业日益融合的趋势,这也意味着随着水上运动场景的增多,市场需求类别将会持续增加,数量将会不断增大,产业潜力会得到进一步释放且空间巨大。因此,除了布局教育培训,我们团队也在积极布局以专业、业余、商业赛事为驱动,以水上运动俱乐部为支撑,以水上基地建设为辐射,以水上运动装备用品制造为纽带的多元化经营方向。目前,我们在湖州、黄山、千岛湖和杭州四地建设有水上运动基地和校区,在安吉建设了皮划艇水上运动公益基地,每年寒暑假都会有大量的家长带着孩子来到这些水上基地进行学习培训或者度假游玩,直接带动了当地的旅游经济,帮助当地居民增产增收。

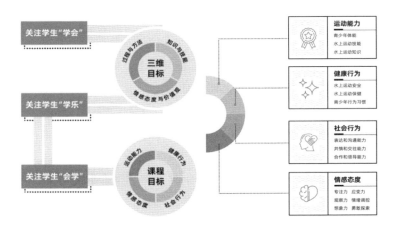

乐川体育"LE 课程"教学体系

水上运动产业本身是一个投入时间长、产业链条长、回报周期长的产业，我充分发挥和调动自身在行业内的影响力和号召力，积极联动国家体育总局水上运动中心、中国皮划艇及赛艇协会等政府部门和相关组织，哈佛大学、牛津大学、麻省理工学院等国际知名高校，浙商总会青年企业家委员会，水上运动企业家俱乐部，以及各地的水上基地，希望能够整合各方的力量加深上下游的合作。同时，作为行业的领跑者，我们也在积极为建立行业标准、规范产业发展做贡献。即将成立的水上运动研究中心每年会发布水上运动相关调研报告，并就国家提出的水上运动产业发展规划与相关标准提出建议，希望能引导整个水上运动行业向成熟化、有序化、标准化方向发展。

高峰：水上运动对于社会发展有哪些价值？

许亚萍：以"水上运动＋"为载体，可以形成水上运动＋休闲观光、水上运动＋民宿旅游、水上运动＋赛事竞技等产业，能够有效推动体育产业提质增效，培育经济发展新动能，拓展经济发展新空间，在推动全民健身和全民健康深度融合的同时，满足人民群众日益增长的精神文化需求和体育健康需求。据业内人士统计，每年参与水上运动体育旅游的人数大约在 7000 万左右，俱乐部有近千个，预计在 2020 年下半年，水上运动体育旅游产业规模将达到 3000 亿元。另外，通过打造以水上运动为核心的产业链，形成水上运动特色小镇，有利于区域品牌化和城市品牌化的建设，进一步提升城市的竞争力和文化软实力，塑造城市对外"金名片"。

高峰：政府和国家层面需要如何帮助水上运动行业更快、更好地发展呢？

许亚萍：第一点也是最重要的一点：水上运动要发展，最关键的是"水"。目前开展水上运动遇到的最突出的问题是政策因素制约，希望国家能推进水上资源主管部门对水上运动产业的统筹协调、公共服务、市场监管和安全监管职能。

千岛湖水上运动基地

第二，目前我国水上运动配套基础设施建设不足。面向大众提供水上运动服务的船艇码头数量少，基础服务网络尚未形成。希望国家继续推进水上运动公共船艇码头（停靠点）试点，加速码头水上运动的发展，创新公共船艇码头（停靠点）的社会组织管理和运营，形成现代水上运动体系。杭州本身是一个水系极为发达的城市，希望将杭州列为全国第一个城市水系公共码头停靠示范城市，让杭州历史悠久的水文化能够更加具有灵性、生机、活力，为老百姓所用。

第三，希望以政府牵头引导，行业协会、俱乐部共同发起的形式大力打造水上运动品牌赛事，完善水上运动赛事体系。鼓励地方政府、运动协会及俱乐部等组织针对运动爱好者开发不同级别、不同类型的赛事活动。推动业余俱乐部联赛常态化，注重与职业等级赛事的有机衔接，逐步实现竞赛结构的科学化。大力开发水上竞赛艺术表演活动、运动体验活动和定制主题节庆活动，营造广泛参与水上运动的社会氛围。

总的来讲，目前水上运动产业在我国还处于萌芽状态，实现水上运动的跨越式发展任重而道远。我相信，随着国家"一带一路"倡议、"海洋强国"发展战略的不断推进，"全民健身""健康中国"国家战略的逐步实施，水上运动产业即将迎来蓬勃发展的历史机遇。

◆ 高峰手记：

奥林匹克的精神和信仰已经成为许亚萍深入骨髓的烙印，竞技体育的金牌带给她的不仅是荣誉，更是竞技过程中向更高、更快、更强的目标不断迈进的价值感。许亚萍始终保持着一种在比赛场上的自信、激情、乐观和拼劲。凭借着强烈的家国情怀、历史使命感与时代责任感的支撑，她带领着团队，一群人苦乐相应，在推动产业发展中砥砺前行。祝愿许亚萍能早日到达理想的彼岸，让更多人接触和热爱水上运动，让更多青少年沐浴在体育精神的阳光下。

黄步添:
区块链赋能数字经济

黄步添,杭州云象网络技术有限公司创始人、董事长。

浙江大学2012级计算机专业博士研究生,九三学社社员,中国区块链技术研究与商业应用早期推动者,中国计算机学会区块链专委会首任委员,浙江省区块链技术应用协会发起人兼副会长,IEEE Blockchain杭州工作组主要发起人,主编出版《区块链解密:构建基于信用的下一代互联网》一书。

杭州云象网络技术有限公司(以下简称云象)成立于2014年,是全球领先的区块链基础设施服务商,中国最早从事区块链技术研究与商业应用的团队,浙江首家获批设立博士后工作站的区块链企业。云象在共识算法、隐私保护、智能合约、跨链通信、BaaS(后端即服务)等核心领域拥有100余项专利技术,在IJCAI(国际人工智能联合会议)、AAAI(美国人工智能协会)、INFOCOM(通信网络领域旗舰性会议)、*Neurocomputing*(《神经元计算》)等国际顶级会议和期刊上发表多篇论文。

基于区块链技术、金融科技两大核心能力,云象为客户提供领先的行业解决方案和系统集成服务,在区块链基础设施、BaaS平台、跨链、共识算法、隐私保护、智能合约等领域拥有核心技术;在forfaiting(出口信贷的一种类型)、信用证、供应链金融、信贷资产登记流转、金融资产交易、资产证券化、数字货币等场景拥有全方位、快捷、安全的解决方案服务能力。

云象是国家高新技术企业，拥有省级研发中心，在工业和信息化部赛迪区块链研究院等联合发布的"2018 中国区块链企业百强榜"中排名第一，还是中国人民银行金融分布式账本标准委员会成员，中央国债登记结算有限责任公司国家金融区块链基础设施承建单位，2022 年杭州亚运会"智能亚运"唯一入围区块链技术供应商，中国商业银行体系首个跨机构区块链基础设施建设单位，科技部现代服务业重大专项首个区块链技术项目支撑企业，浙江省重点研发计划首个区块链项目承担单位，中国本土第一创投——深创投重点布局的区块链技术公司。云象与浙江大学、新加坡国立大学分别成立区块链联合实验室，并与浙江大学数据分析和管理国际研究中心共建数字资产与区块链研究所。

高峰：走上创业之路，感觉怎么样？

黄步添：选择创业，跟我出生于温州有一定关系。而且，我小时候跟着父母在山东、河北等地做生意，一直怀有创业的梦。

我是连续创业者，第一次创业时间是 2007 年，主要方向是语音通信，公司运作主要基于具体项目的驱动，没有长期规划。在那次创业过程中，由于需要解决语音通信质量问题，也恰巧接触了 BitTorrent（比特流）、Bitcoin（比特币）等开源项目，我深深感受到，如果一个创业项目没有高屋建瓴地做长远规划设计，很难实现可持续发展。

如果能选择一个代表未来趋势的创业点，统筹好品牌、资源、资本、技术、产品等五个要素，创业的成功概率会大大增加。区块链是信任的机器，是信息互联网走向价值互联网的关键性基础技术。2012 年我回到浙江大学攻读博士学位，确立了联盟区块链研究方向，并于 2014 年 10 月 8 日创立了杭州云象网络技术有限公司。

高峰：如何理解和实践区块链技术的应用价值？

黄步添：云象之所以选择区块链方向，是因为区块链将推动数字经济在更大范围内发展，使得数据成为关键的生产要素，同时改变资产的存储和交易形式。在数字金融领域，云象为金融机构建设区块链基础设施，在贸易金

云象获得 2017 年李光耀全球商业大赛亚军，
与硅谷著名投资人迈克尔·赛贝尔（Michael Seibel）合影

融、供应链金融、资产证券化、私募股权交易、信贷资产登记流转等应用场景，将提升协同效率，降低交易成本，增强监管能力；在数字治理领域，云象承担了科技部、浙江省科技厅重大研发计划，推动数字版权、技术成果交易等应用场景的建设，帮助以上领域优化资源配置，提升监管的科学水平。

2019 年与浙江大学数据分析和管理国际研究中心合作共建数字资产与区块链研究所

云象参加 2017 年度科技部国家重点研发计划答辩现场

高峰：如何看待云象的未来和市场的未来？

黄步添：云象积极响应 2020 年 2 月 23 日习近平总书记在统筹推进新冠肺炎疫情防控和经济社会发展工作部署会议上的重要讲话精神，以及 2019 年 10 月 24 日习近平总书记在中央政治局第十八次集体学习区块链技术发展现状和趋势时的重要讲话精神，努力奋进，积极创新，大力发展区块链技术，协助政府推动国家治理体系与治理能力的现代化和数字化转型建设。云象还承担了科技部、浙江省科技厅重大项目，已经在国内区块链行业形成了头部优势。

云象将继续夯实在国内区块链行业的头部企业地位，特别是在金融领域，进一步构建金融联盟链业务及技术优势。

（1）业务资源拓展：云象已与 50 家机构建立合作关系，其中金融机构包括中央国债登记结算有限责任公司、中国银行、招商银行、中国民生银行、中国光大银行、兴业银行、中信银行、浙商银行、浙江金融资产交易中心等，其他机构包括中国石油化工集团有限公司、浙江知识产权交易中心、浙商中拓集团、浪潮集团等。

（2）研发团队建设：云象已经设立了云象区块链省级高新技术企业研究开发中心，扩充研发团队，优化人才配置，并与浙江大学智能计算与系统实验室、浙江大学数据分析和管理国际研究中心、澳大利亚斯威本科技大学数字创新研究院、山东大学计算机学院区块链实验室等多所国内外顶尖院校的科研中心达成合作，建立产学研基地。

高峰：目前在区块链方面，国内和国外关注的技术有所不同。从全球范围来看，中国走在什么位置？目前面临的发展难点有哪些？

黄步添：中国更关注联盟区块链技术及应用的发展。在 2019 年 10 月 24 日中央政治局集体学习会议、央行发布数字货币 DCEP 之后，中国产业区块链发展已经进入快车道，将会引领全球产业区块链发展。目前面临的发展难点一是区块链应用还未形成规模效应，二是企业级区块链软件开发人员短缺。

黄步添、蔡亮编著《区块链解密：构建基于信用的下一代互联网》

高峰：你刚才讲到区块链发展存在的问题，区块链技术如何助力实体经济的发展呢？

黄步添：如果能打破企业的边界，让企业同外部资源、核心客户结合为生态利益共同体，无疑会大大降低企业的经营成本和风险，提升业务效率和企业活力。

把区块链技术应用到实体经济中，建立信用互联网基础设施，企业各类信用信息获取难度将大幅降低；而金融机构可以基于真实的交易记录对企业进行授信，真正解决中小企业"融资难、融资贵、融资慢"等问题。

高峰：2020年4月20日，在国家发改委举行的例行新闻发布会上，区块链正式被列为新型基础设施中的信息基础设施，你怎么看待新基建下区块链技术的机遇？

黄步添：区块链作为数字经济时代的信任基础设施，若要真正形成网络规模效应，关键在于实现技术通用、建立行业标准，以及实现各类技术的融合。其中，与物联网、大数据、人工智能等技术的融合尤为关键。产业区块链是未来国内区块链最主要的落地方向，如何在不同的产业领域里，如数字金融、数字治理等领域，真正用区块链改造产业底层，实现产业的互联互通和资源配置，对中国未来的产业资源协同优化起着重要的作用。

高峰：对当下的创业者们有什么建议？

黄步添：主要有三点建议：一是以应用驱动为核心，不能为创业而创业；二是深耕行业，有所坚持，能上能下；三是打造差异化核心竞争力乃生存之道。

高峰：你认为创业者需要具备什么特质？

黄步添：温州人经常自称"打不死的小强"，这种特质很重要。还有就是一定要做一个靠谱的人，长期坚持做难的、对的事情。

◆ **高峰手记：**

　　云象作为中国区块链行业头部企业、中国最早从事区块链技术研究与商业应用的团队，已经建立了完整的产学研用生态体系，以赋能数字经济为使命，长期聚焦数字金融领域，致力于打造国家区块链金融基础设施，引领并推动中国产业区块链行业的发展。

高鹏:
数据智能助力金融业
数字化智能化转型

高鹏，杭州摸象大数据科技有限公司创始人、董事长兼CEO。

浙江大学计算机学院人工智能研究所博士毕业，师从潘云鹤院士。对于移动互联网用户大数据分析和挖掘、基于机器学习和实时大数据处理的金融智能决策系统设计有深入的研究与实践，在国内外一级期刊发表多篇学术论文，获得多项专利。

杭州摸象大数据科技有限公司（以下简称摸象大数据）是国内领先的数据智能公司，专注于通过数据和算法为金融企业提供机器决策和自动优化解决方案，帮助金融企业构建并实现业务数据化和智能化，创新研发以机器决策驱动、以AI为运营手段的"大脑＋工具＋场景"的智能运营系统。

摸象大数据的核心技术是基于数据智能的机器决策，通过大规模机器学习对海量实时数据进行处理，实现全场景自动化实时推荐，从而帮助国内2000多家金融企业实现降本增效。公司根据金融企业的业务特征研发了三大核心引擎：无相盘实时推荐引擎、无相盘商机挖掘引擎、无相盘NLP（自然语言处理）引擎，可实现对用户的360°画像和多尺度时间窗口的金融消费预测及个性化推荐。

摸象大数据已获得金融数据智能相关的3项专利和83项软件著作权，另有多项专利正在实质审查中，曾入围"第五届中国创新创业大赛"行业总决赛，获得国家级优秀企业奖。

公司目前已获得国内著名投资人田溯宁、吴彬的天使投资,赛伯乐投资、华瓯创投的 A 轮投资,上市公司浙大网新科技的产业投资,累计融资总额 6000 万元。核心客户包括中国建设银行总行、中国工商银行总行、中国邮政储蓄银行、中国银联等金融机构。

2020 年 5 月,摸象大数据与浙江大学人工智能研究所、浙江大学数据分析与管理国际研究中心联合成立金融智能联合实验室,产学研用一体,在金融超级大脑、银行数据智能、大规划金融知识图谱、分布式 AI 和边缘计算等方向展开深入研究。

高峰：创立摸象大数据的初心是什么？

高鹏：现今，人类正在逐步进入现实世界与虚拟世界并存的时代。新基建就是以新发展理念为引领、以技术创新为驱动、以信息网络为基础，面向高质量发展需要，提供数字转型、智能升级、融合创新等服务的基础设施体系，这正是人类大规模建设虚拟世界的开端。

数据智能正是新基建的驱动引擎。新基建包括5G、云计算、大数据、区块链等新一代IT基础设施建设。如果说数据是"石油"，数据智能就是由石油驱动的"引擎"，数据智能引擎把资源加工成可使用的、高价值的产品和服务。

创办摸象大数据的初心，是希望在大规模数据处理、数据挖掘技术、机器学习技术、人机交互技术、NLP技术都逐步发展起来的时代，追寻高级、实时的机器决策能力，去重构未来的金融业务和商务模式，发现和创造一个美好的未来世界。

高峰：创业以来最大的感悟是什么？

高鹏：大数据是一个有较高技术门槛的行业，而金融大数据行业更是兼有技术和业务门槛。在整个创业过程中，最令我焦虑的是如何组建一支优秀的大数据和AI团队。

高鹏与导师潘云鹤院士合影

摸象大数据的团队分为三层，底层是大数据硬件层，需要招募大数据硬件运维工程师，负责管理所有大数据节点、例如 hadoop 数据节点、master 节点、redis 缓存、kafka 消息队列、Spark/Flink 实时数据处理框架等。

中间层是关键的大数据层，需要招募能够面向客户的大数据平台工程师和数据架构师，负责软件和大数据架构，从数据结构和软件层面，协调底层的硬件运维工程师，去部署和搭建整套系统中的各项服务软件，使数据在系统中流转起来，以支撑上层应用。同时，鉴于金融数据智能的特殊性，中间层还需要配合市场及产品人员，承担部分客户沟通工作，了解客户的需求,建立数据宽表等各种数据结构,形成可以灵活调用的各种数据服务接口。

高鹏(左二)参与浙大校友交流论坛

在此二者基础之上的是应用层,这一层需要招募实时推荐引擎和商机挖掘引擎的工程师,在数据平台和数据仓库建立各种深度学习和机器学习模型,完成数据挖掘工作,实现应用场景中的精准推荐。同时,这一层的工程师也需要承担部分客户沟通工作,洞悉客户需求。

总结来讲,这个团队需要高学历的复合型人才。作为一个创业型企业,我们的品牌声量、企业资金、行业资源都无法比拟阿里等巨头,如何招募到高素质的人才,是一个巨大的挑战。

我们相信，一个好的团队必然有共同的目标和价值观。以共同目标为出发点去召集团队成员，才能组建一个有热情和信心的团队。创业之路并非按部就班，也很难一帆风顺，只有团队成员间彼此信任、志同道合，才能发挥出强大的创造力。在明确企业文化的基础上，我们也制定了一系列激励政策，激励成员去完成阶段性目标。

高峰：您对摸象大数据和市场的现状有什么看法？对未来的市场是否有一些自己的预判？

高鹏：金融行业是最适合应用数据智能的行业，原因有三：一是金融本身就是纯数字领域的，领域定义既垂直又清晰，可计算的"原料"多；二是金融是最无摩擦的领域，钱进钱出，这里没有生产、仓储和物流，一旦形成数据闭环，效率会大幅度提升；三是金融行业市场是万亿级的，跑道足够宽阔。

智慧银行网点概念图

在目前阶段，数据智能可以为金融行业带来三步改变：第一步是降本增效，基于场景实时推荐，使人、产品、场景实现全面的自动调度；第二步是智能化的动态金融产品的诞生；第三步是机器帮助用户实现多产品组合的规划，让每一个人都可以拥有一个 AI 理财顾问。

未来数据智能与金融企业的商业合作模式也将发生改变。数据智能是深刻嵌套于业务场景和流程之内的，因此除了原有以提供解决方案为主的技术赋能模式，在数据智能时代，会逐步出现合作分成、联合运营的新模式，这意味着数据智能公司可以获得企业的业务预算，而不仅仅是 IT 预算，这样就能够大幅提高数据智能公司在单一行业的"天花板"。

合作分成会是一种全新的模式。将数据、技术和应用场景相结合，形成业务中台，利用业务中台赋能头部企业，和头部企业客户合作，帮助企业客户解决完整场景问题，实现与企业客户的合作分成。合作分成将提高客户黏性，更有利于数据智能公司立足行业。同时，合作分成意味着数据智能公司深入到业务场景中，数据智能公司对客户应用场景的理解能力已接近企业客户本身，远远超出其他供应商。

至于如何实现这个新商业合作模式，需要满足三个条件：

第一，做增量市场才能合作分成。做增量优于做存量，对企业客户而言，以利润为中心的价值大于以成本为中心。因此，帮助企业开拓新业务、提高原有业务的产能，才能够进行合作分成。仅仅帮助企业降低成本是无法进行合作分成的，因为其本身的利润有限。

第二，需要搭建覆盖全场景、全闭环的大数据基础平台。覆盖全场景，落实数据全闭环，才能证明数据智能公司的价值，才能量化成果，基于可量化的成果，数据智能公司才能与企业客户进行合作分成。

第三，具备业务运营能力。合作分成意味着数据智能公司要长期参与到业务过程中，具备业务运营能力，能够根据企业客户的需求，快速开发新产品及应用，不断迭代升级，以满足其不断更新的需求。

就金融领域而言，应将数据、算法与业务场景深度绑定，让数据本身成为业务的一部分，例如场景内的实时推荐能力、风控能力、动态利率计算能力，从而实现业务收益的持续提升，甚至催生出新的金融业务。

◆ **高峰手记：**

随着中国人口红利的逐渐消退，近些年来中国经济增长有所放缓，国际经济风险也日益加重。对于金融企业而言，过去一味追求开发新客户资源、依靠新客户带来收益的运营模式已经无法适应当今的市场环境。危机与机遇伴行，金融企业发展面临着重要的转折点，而这也给数据智能带来了重大发展机遇。数据智能是大数据发展到一定阶段的新产物，让机器具备推理等认知能力，让大数据指导决策，驱动金融业务数据化和智能化，它可以在银行网点、电话营销、网络营销等各个渠道发挥作用，实现金融企业运营的降本增效。我们祝愿摸象科技不断取得新的成就！

白云峰:
用3D传感之光
温暖数字世界

白云峰，浙江光珀智能科技有限公司创始人、董事长兼 CEO。

浙江大学管理工程与科学专业创新管理方向在读博士研究生。先后创办杭州利珀科技有限公司和浙江光珀智能科技有限公司（以下简称光珀智能），目前两家公司估值均已超过 10 亿元，被评为准独角兽企业。2014 年李克强总理考察浙江大学时与学生座谈，白云峰是参与座谈的学生之一。2017 年获得第三届教育部中国"互联网＋"大学生创新创业大赛总冠军。2019 年获首届教育部创新创业英才奖。

2019 年 6 月，光珀智能应邀参加全国"双创周"展示科技创新成果，白云峰向李克强总理汇报，并展示光珀智能项目自研芯片进展。

浙江光珀智能科技有限公司成立于 2015 年 5 月 14 日，是全球新一代 3D 深度传感器技术领军者。光珀智能致力于为人工智能提供高效可靠的三维传感器系统，公司提出了一种全新的三维成像原理，并掌握了具有完全自主知识产权的三维实时成像的核心技术，拥有多项发明专利及国际专利（PCT）。光珀智能的核心技术解决了传统激光与深度相机的技术短板，具有成本低、成像速度快、成像分辨率高、稳定可靠等显著优势。光珀智能的固态面阵激光雷达具有抗阳光性，无须配备机械移动扫描部件，在即将全面到来的 5G

时代，可与任何智能设备在任何环境下协同工作，为智能设备提供稳定可靠的三维传感器系统。

光珀智能先后获得浙江省金融控股有限公司、丽水市金融控股有限公司、美元基金元钛长青基金和华控资本等的投资，公司愿景是成为全球领先的三维传感器系统公司。

高峰：怎么会想到创立光珀智能？

白云峰：之前我们在做机器人、安防、消费电子、无人驾驶研究的时候，发现三维传感器是关系人工智能发展的关键核心零部件。激光雷达成本太高，其他的方案会受到各种各样的限制，当时我们就想，能不能有一种全新的三维传感器，能够真正成为"人工智能的眼睛"，推动人工智能的发展，所以我们成立了光珀智能，希望为人工智能的发展提供一双可靠的低成本的眼睛。

我学的是技术创新管理。比如，我们在一个新的技术被研发出来的时候，判断它是否会成为未来的主导技术，同时考虑如何帮助这个新技术快速匹配市场需求并落地——这就是我的专业。在光珀智能的发展过程中，让我最高兴的是，有一批国际顶尖的学者加入我们。这代表了他们对市场和技术的认可，更是对中国发展机会的认可。

我们产品研发的第一个理念就是创新。所谓创新，就是我们不去做系统集成，而是从底层原理到终端芯片，全部依托自己的核心技术创造价值。如果没有核心技术，那么我们很多核心元器件的研发生产都会被"卡脖子"。

第二个理念是务实。我们是一个以核心技术和核心器件为专业的企业，所以在整个研发过程中，一定要非常务实和严谨。我们已经完成了第一代芯片的研发。基于第一代芯片，我们在机器人和安防领域开始落地我们的产品；我们将激光雷达的成本从原有的几万元压缩至一千元以内，让机器人更快地走进千家万户。紧接着，我们开始了第二代芯片的设计流片，它可以满足低速甚至中高速无人驾驶的需求，大大推进了无人驾驶技术的发展进程。光珀智能作为一家创业公司，在与大公司竞争的过程中，无论从资金还是渠道来看，都没有自己的优势，这要求我们必须在技术上做出自己独特的价值，只有这样，才能够赢得生存空间。

高峰：光珀智能的社会价值和经济价值如何体现？

白云峰：光珀智能致力于为人工智能提供高效可靠的三维传感器系统，通过前几年的沉淀积累，光珀智能持续完善并创新核心技术原理，引领行业技术发展趋势，成为行业的技术创新者。目前光珀智能聚焦核心器件如芯片，以此来解决四大应用领域的器件难题。未来，光珀智能希望依靠核心技术与器件的优势，为集成商、方案商等进行产业链上下游的技术与产品赋能，最终成为产业的赋能者。

近期，光珀智能致力于开发四大领域的产品矩阵：机器人领域，物流机器人对地图的精确绘制及定位的需求加速了激光雷达的发展；安防领域，安防领域对自动化监控的需求快速推进了深度摄像头在垂直领域的应用；消费电子领域，3D深度摄像头是增速最快的应用，智能交互的需求推进了深度传感器的研发生产；自动驾驶领域，自动驾驶对地图的精确绘制及定位的需求加速了激光雷达的发展。

具体而言，光珀智能的社会价值体现在以下方面：

第一，吸引海外优秀人才回国。光珀智能深耕世界最前沿的人工智能行业，通过不断打磨自身技术，用扎实的技术基础和远大的战略目标吸引了行业内全球顶级的华人资源，华人美国半导体协会（CASPA）会长薛松博士、伊利诺伊大学厄巴纳-香槟分校 3D 集成光子项目负责人陈晓刚博士、赫瑞-瓦特大学光子与量子科学中心马宁博士等海归人才纷纷加入光珀智能，为中国人工智能事业添砖加瓦。

第二，践行产学研政策，促进技术产业化落地。光珀智能的核心技术脉冲式 ToF（Time of Flight）原理来自浙江大学光电系的张秀达老师，通过光珀智能，这项世界领先的技术成功走出浙江大学，迈向世界。2017 年 9 月，光珀智能在美国硅谷召开了全球首场产品发布会，引起了国内外相关企业及业内人士的高度关注。

光珀智能在硅谷召开产品发布会

第三，为社会创造一批就业岗位。2019 年 10 月，光珀智能与丽水市政府、中核产业基金签订战略合作协议，将于丽水市投建全球领先的图像传感器产业基地，打造百亿产值的光电半导体产业平台，未来 3 年将为社会创造 500 个中高端就业岗位。

高峰：成长起来的光珀智能将是什么样子的？

白云峰：光珀智能的优势在于成长在中国，浙江这片创业沃土为我们提供了极佳的创业环境。无论是我的创业启蒙之地杭州市，还是全力支持我们投资 10 亿元建设全球领先的图像传感器产业基地的丽水市，都让我深刻感受到无与伦比的创业环境和深入人心的政策支持。过去 20 年间，中国是被人工智能和互联网改变得最为彻底的国家之一，互联网再造了国民经济的基础设施，成长起来的光珀智能一定是这场浪潮中最前沿的产业链赋能贡献者。

高峰：光珀智能为现今市场带来最大价值的应用场景是什么？

白云峰：光珀智能立足于人工智能行业，我们的产品就是人工智能的"眼睛"。当我看到 2018 年年底中央经济会议上提出要大力建设"新基建"，尤其是进入 2020 年后，这个概念被更加频繁地提及时，我开始思考什么是新基建。我认为新基建本质上是一种技术，需要应用到具体的产业发展中，才能放大技术的乘数效应，让产业转型步入快车道，从而推动经济增长。从长远看，新基建对经济发展的贡献不可估量。我认为新基建大体有两个功能：一是为传统基建补短板；二是为未来数字经济发展提供基础信息技术或网络，助力经济高质量发展。以智慧城市为例。5G、互联网数据中心和人工智能只是新基建的表层，它们集中在数据的传输、存储和应用层面，而用来采集数据、感知城市问题的新型城市基础设施才是城市新基建的关键所在，其主要涉及新型智能管网（地下）、城市感知网（地上）和时空数据驱动的 CIM（City Information Modeling，城市信息模型）平台（控制中心）。

中国经济从高速发展转向中高速发展，用数字技术迭代驱动产业转型升级是可行路径，新基建就成了产业转型升级中不可或缺的新力量，符合中国经济结构向高质量转型的方向，具有广阔的发展前景。以 5G 为代表的新一代信息技术在全球掀起新一轮竞赛，各国纷纷开启数字化转型，发力新基建是为了赢在未来，有利于中国在国际博弈中获得竞争优势。光珀智能的产品拥有高性能、高可靠性和低成本的优势，在新基建的建设过程中有无限应用的可能。因此我认为能够带来最大价值的场景是新基建，我也渴望用世界领先的技术为祖国贡献自己的一份力量。

高峰：光珀智能在"智能＋"的大背景下能够做些什么？

白云峰：2019 年"两会"政府工作报告正式提出了"智能＋"的重要战略："深化大数据、人工智能等研发应用。打造工业互联网平台，拓展'智能＋'，为制造业转型升级赋能。"目标是让"智能＋"推动产业创新发展，让生活更美好，助力全球化与经济治理。新一代信息技术推动万亿级产业集群，光珀智能能够有所作为的行业有汽车行业，如构建网联汽车、新能源汽车和无人汽车生态，加速互联网和汽车产业生态融合；还有高端装备制造业，在轨道交通、大飞机及医疗器械等智能制造投入加大的背景下，帮助加快工业互联网的建设；此外就是新一代的信息技术，为发展以物联网和 AI 技术为代表的智慧产业做出贡献。

高峰：光珀智能是怎样应对本次疫情的呢？

白云峰：光珀智能在 2019 年第四季度正式开启销售，单季度销售额就超过百万元，获得的订单超过千万元。但 2020 年年初因疫情暴发，我们快速增长的势头略有下降，好在随着疫情的好转，我们之前获得的订单逐渐开始交付，预计今年全年销售额在 8000 万元左右。其实每一次"破坏"，都可能意味着一场重生，光珀智能因疫情获得了意外的商业机会。疫情全速重构着产业，中国以往积累的数字化能力在疫情期间凸显力量，催生了一片新蓝海：以往的无接触配送 1.0 仅能送到小区门口，因此从客户体验而言，仍有提升的空间，而疫情为无人配送 2.0 提供了市场空间。光珀智能基于高可靠性、低成本的 3D 传感技术，和上市公司绿城共同构建了无人配送智能车系统，开启了新的应用场景。

光珀智能无人配送智能车

◆ 高峰手记：

用"十年磨一剑，用心打磨产品"来形容白云峰及他的团队再合适不过了，白云峰的创业经历不是一帆风顺的，无论是当初凭借 3 万元创办利珀科技，还是花了近 5 年的时间才将浙大光电系世界领先的技术从纸上概念变为样机，进而发展为能为客户创造巨大价值的可靠产品。整个过程中，我看到的是中国新一代青年身上的那股韧劲，我们希望能有更多的白云峰，让更多世界领先的技术在中国这片创业沃土上生根发芽，茁壮成长。

周伟：
用数据重塑
教育图书出版产业

周伟,杭州云梯科技有限公司创始人、董事长兼CEO。

浙江大学计算机学院硕士毕业,连续创业者,曾荣获浙江大学"求是创业之星"。2010年跨专业考入浙江大学计算机学院攻读硕士研究生,在校期间创办优卓科技,在第三届中国创新创业大赛中,优卓科技成为浙江赛区唯一入围决赛的在校学生创业企业。2014年6月毕业后创办云梯科技,公司成立一个月即获得天使湾等投资机构的数百万元天使投资。

杭州云梯科技有限公司旗下创新产品"书链"以教育类图书资源的数字化为切入点,专注于为教育图书出版商打造读者服务平台。2016年8月,书链获得浙江省新闻出版广电局颁发的"第25届浙江树人出版奖";2018年4月,公司被《中国出版传媒商报》评为"最具合作价值技术服务商"。

截至2020年5月,书链累计为超过900家教育图书出版商提供服务,累计接入教育图书品种超11万种,累计服务读者超1.5亿人次,平台月活跃用户超过5000万。其客户包含新东方教育集团、曲一线图书策划有限公司、星火教育集团、江苏凤凰出版集团、浙江大学出版社、复旦大学出版社等。2020年4月,书链获得由上市公司掌阅科技领投的超1亿元B轮融资。至此,书链累计获得四轮融资,累计融资额超过1.5亿元。

书链早期部分核心成员

高峰:书链如何服务图书出版商和读者?

周伟:书链要解决的核心问题是如何以更高效的方式连接教育图书出版商与读者。书链的业务模式是:以教育图书读者服务平台为产品核心,跨越传统的3~4道分销层级,通过读者获取→读者连接→读者运营→读者变现这条完整的路径,让出版商与读者建立起直接联系。通过在教育图书出版商所发行的图书内植入线上学习场景二维码,读者用手机扫码即可获取线上学习资料(读者获取);帮助出版商与每一位读者建立了直接的联系(读者连接);出版商再通过持续更新线上学习场景及优质服务让用户沉淀下来(读者运营);最后平台上的出版商通过提供点读书、录播课程、音频课程、在线咨询等增值服务实现用户付费(读者变现)。

高峰:从学生时代到现在,你对创业的理解有什么变化?

周伟:选择创业的原因是我发现图书出版行业存在固有的缺陷和问题,并且我确信以自身的专业优势和技术背景是有能力去解决这些问题的。我从来不会为了创业而创业,更不会跟风式地去创业,从当初编写考研教材到开发在线程序测评系统,到口袋题库App,再到书链,虽然这一路下来,项目方向在不断调整迭代,但背后不变的是始终坚持问题导向的原则,这也是为什么到现在我们做了那么多产品都比较成功。解决问题的过程使我们逐步深入整个产业，我发现书链要做的事情其实蕴藏着一个巨大的市场机会，这也是我选择创业的另一个原因——我们认定图书出版的数字化是一个必然的趋势，而书链要做的就是利用数字化手段，成为整个产业链条的赋能者，这是一个重塑行业甚至颠覆行业的机会。当然，选择创业也跟我自身的性格特质有很大的关系。我是一个特别能坚持的人，我如果认定了一件事情，就一定会做完，直到彻底做好为止。就拿当初编写考研教材为例。当时全国研究生考试统一命题的政策刚开始施行，市面上还没有相应的计算机辅导教材，从 4 月接到录取通知开始，一直到 9 月开学的这 5 个月里，我每天编写教材花费的时间都在 15 个小时以上。我当时的想法就是一定要把自己的

2020 年新冠肺炎疫情期间书链团队拜访客户

考研复习经验做一个总结输出，帮助更多的考研学子，我投入了大量精力把这本书编写完成并出版，直到今天，这本书的销量还是学科内第一。

关于创业，我认为创业一定是以创新为前提的，而创新是经济增长唯一的动力因。创新的本质是最大化地利用企业自身的资源和社会资源，实现优势资源的重新整合，形成新的解决方案并应用于行业，帮助客户创造价值。我们现在做任何项目绝对不会闭门造车，而是充分地整合其他企业已有的技术资源、人才资源、流量资源等，将所有优势资源集合在一起进行排列组合，形成新的解决方案。

高峰：从纸质书到"书联网"，这给图书行业带来了什么样的改变？

周伟：从经济效益的角度来讲，我们帮助整个产业的上下游节约了大量的成本，减少了无效投入。首先，在传统的教育类图书出版场景下，图书的配套学习资源基本上是以随书附带的光盘形式呈现的。根据我们掌握的客户情况，一些大的出版机构每年在光盘生产上投入的成本就高达上千万元。而书链的数字化解决方案不仅完美替代了传统光盘的所有功能，而且优化了读者的学习体验，丰富了读者的学习场景，为链接读者建立了天然的入口；此外，还减少了纸张的损耗，提升了图书生产的效率，这其中的价值是所有客户都有目共睹并高度认可的。其次，书链做到了让数据说话，通过读者需求倒逼内容生产，提升了整个行业运行的质量。有两个数据值得注意：第一，中国目前库存书的总量大概是 1000 亿本；第二，中国 50% 以上的图书销量不到 10 本，这些书的库存体量非常庞大。而这些库存书无法销售的关键原因就在于内容同质化严重。出版商在图书选题策划环节过分依赖主观经验判断，缺乏有效的市场反馈和数据支持，造成大量的无效选题，也就直接导致了大量的"无用之书"。这背后浪费的不仅是纸张资源，还有大批优秀教育工作者的时间、精力，使教育资源分配不均的问题更加严峻。通过书链的读者服务，图书的使用和阅读情况、读者的学习行为、读者的收获反馈等数据都沉淀在平台上。通过大数据分析,我们能够清楚地得到读者的用户画像和行为偏好,这些数据经过清洗和建模之后可以反馈给图书出版商,帮助他们在图书选题策划阶段就提高内容生产的质量,从源头上解决库存书和"无用书"的问题。

从产业赋能的角度来讲,书链让产业链中的各方参与者实现了优势互补和资源协同。很多在线教育机构有很好的内容,但是很难获取昂贵的流量;而出版商有固定的流量,但是缺乏优质的内容。书链可以很好地充当一个链接者的作用,我们把在线教育机构的内容资源和图书出版商的客户群体进行优势整合,一方面帮助出版商提升内容质量,另一方面帮助教育机构的优质内容找到精准的销路。放眼未来,书链将以平台型思维更加深入地渗透到图书出版产业的每一个环节,从图书选题策划到图书排版印刷,从图书仓储物流到图书的"后市场",打破各个"玩家"独立运作、"各自为政"的局面,实现对整个产业链条的重新整合,以数据赋能的方式帮助所有生态伙伴提高效率、降低成本,重塑图书出版行业的运行格局。

从社会责任的角度来讲,书链自 2014 年成立以来,每年都会向贫困山区的儿童捐赠图书。公司的愿景就是让图书链接更多的读者,在力所能及的范围内帮助更多孩子接受教育,拥有同等的学习机会,我觉得这是我们公司对初心的坚守,也是我作为一名"浙大系"创业者应有的使命与担当。

高峰:书链的商业模式从最开始的 2B,到 2C,再到现在 S2B2C,这个战略的调整是如何考量的?

周伟:我一直坚信,公司的所有新业务都是自然生长而来的,而不是规划出来的。书链最开始的商业模式是直接面向图书出版商,提供完善的产品解决方案,相比于图书出版商自建研发团队或者外包,成本至少降至 1/10。然而,在推动 2B 业务的过程中,我们遇到了阻碍。虽然书链能用技术手段帮助出版商提升产品使用体验,但还是无法解决读者长期变现的问题。因此，我们决定将 2C 业务单独剥离出来，自己探索为读者提供什么样的增值服务是转化率最高的，这才有了书链 App 这样的面向 C 端读者的产品。在形成了一套读者运营方法论之后，我们的商业模式再转为 S2B2C，我们利用自己的经验反哺图书出版商，帮助他们实现内容增值并获得持续性变现。现在，我们的 2B 解决方案正越来越完善，通过技术服务方案，我们可以帮助出版商解决对接客户群体的问题；通过运营解决方案，我们可以帮助出版商扩大增值服务收益。而面向 C 端，书链可以直接链接 1.5 亿读者，为他们精准地推送学习内容。回过头来看这个过程中的取舍，其实如同物种的进化，一切都是自然选择的结果。

高峰：如何看待书链的未来和整个行业的发展？

周伟：书链肯定会一直走在创新的道路上，我们会基于当下公司已有的资源和外部一切可以调动的资源进行资源的优化重组，不断地孵化、孕育新的业务板块，为各个领域带来经济效益的增长。基于书链平台每年数亿的读者学习数据，我们的愿景是将书链打造成为教育行业最具价值的数据公司，我们的使命是基于数据价值，研发出更多高效率的智能化学习产品。谈到行业的发展方向，我认为未来图书出版行业肯定会有一个平台型的机构出现，这是一个必然的趋势。它可能是书链，也有可能不是。在产业互联网的大背景下，必须有这样一个平台能够整合全产业的数据和信息，再把数据应用在各个节点上，打通各个环节，提升整个产业的运行效率和质量。

◆ **高峰手记**：

十年前,因为考研而进入图书出版行业的周伟看到了教育图书行业变革的巨大机会。十年连续创业的经历也让周伟对创业的本质有了更加深刻的理解:整合社会资源,解决社会问题,在成就客户和成就员工的过程中成就自我。未来,书链将以打造教育行业最具价值的数据公司为愿景,用数据赋能客户,用数字化重塑图书出版产业。

宁海元：
数字技术引领时代

宁海元，袋鼠云联合创始人、CTO，阿里云全球 MVP。

浙江大学 MBA 2018 级研究生，获浙江大学管理学院 MBA 25 周年创新创业奖。

宁海元在淘宝创立早期加入阿里巴巴，担任当时中国顶级的 DBA（数据库管理员）团队负责人，多年天猫"双十一"技术指挥部核心成员，淘宝核心系统"去 IOE"负责人，阿里巴巴集团移动数据分析平台负责人，阿里集团数据中台产品"数加"平台技术创始人。

2015 年年底，宁海元从阿里巴巴离职，联合创立袋鼠云，致力于研发云原生一站式数据中台 PaaS 产品"数栈"，打造自主可控的数据中台基础设施，赋能加速行业数智化转型，目前已经为金融、零售、政府、能源、文化旅游等行业的 3000 多家知名客户提供了服务。

袋鼠云（杭州玳数科技有限公司，简称袋鼠云）成立于 2015 年 11 月，聚焦数据中台领域，是一家以高新技术作为核心驱动力的数据智能公司。目前公司业务遍布全国各地，作为中国数据中台的引领者，袋鼠云自创立以来，每年实现 100% 的业务增长，给社会创造了大量数据价值，致力于"让未来变成现在"，从而使大众生活更美好。

公司已获得 ISO 9001、ISO 27001、CMMI3 等权威认证，获得专利和软件著作专利超 40 项，荣获国家高新技术企业、科技型中小企业、杭州市"雏鹰计划"企业、2019西湖区高成长性企业等称号，2018年和2019年连续两年入选"杭州1亿美元以上公司（准独角兽）榜单"。

袋鼠云自创立以来，备受国内外顶尖投资机构的青睐，获得众多知名机构如国投创业、深创投、宁波工投、杭州金投、元璟资本、戈壁创投、盈动资本的数亿元融资，计划未来三年内在科创板上市。

高峰：当初为什么从阿里离职出来创业？自己创业以来有什么不一样的感受？

宁海元：我在阿里巴巴工作超过 8 年，从做淘宝内部的数据基础设施，到通过阿里云对外做数据平台产品商业化输出，比较完整地经历了阿里巴巴内部数字技术发展壮大的过程，深刻感受到数字技术对企业的价值。随着互联网技术的进步和成熟，我相信数字技术基础设施将对更多行业客户产生深远影响。未来十到二十年，数字技术将引领以在线化、数据化、智能化为特征的第四次产业革命的新时代。作为一个技术人，能够赶上这样的机会，可以用技术产品去加速和引领时代趋势，是我们的幸运。

2015 年国庆，我和袋鼠云另外两位联合创始人陈吉平（袋鼠云创始人兼董事长）、徐进挺（袋鼠云联合创始人兼 CEO）一起在西藏阿里地区旅行的路上，谈到云计算、大数据、物联网、5G 等数字技术的发展趋势时，大家不约而同地感受到数字经济时代的呼吸，创业的决定也就自然而然地形成了。

创业几年来，我们一直深耕数字化基础设施产品和企业服务领域，也经历了不同阶段对心力、脑力和体力的挑战。我们看到，虽然不同行业的客户对数字经济和数字基础设施的理解与实践处于不同的层次，但是他们对数字化转型都有迫切的需求。一方面，我们要潜心研发能够真正帮助到客户的产品；另一方面，我们也需要和客户共同成长，用数据为客户创造价值。

相比消费互联网，做产业互联网创业更需要"沉"得下来，要能"结硬寨，打呆仗"。不仅要把产品和服务做扎实，也要提高我们的组织能力。既要具备互联网快速创新的基因，也要具备贴身服务好客户的能力。作为用互联网技术做产业服务的创业者，在创业过程中，我们始终坚持"以数字技术引领时代"的初心和"让数据产生价值"的使命。

做好产业互联网，是一件"苟利国家生死以"的事情，也是时代赋予我们这一代创业者的责任。

袋鼠云三位联合创始人在西藏旅行（左一为宁海元）

高峰: 袋鼠云想实现什么样的社会价值? 现在的发展状况如何?

宁海元: 袋鼠云是一家非常典型的通过互联网和数字技术为企业服务的创业公司。过去十几年,中国诞生了很多消费互联网巨头,前有阿里、腾讯和百度,后有美团、滴滴和字节跳动。哪怕是从世界范围来看,它们都做到了各自领域非常领先的位置,和很多欧美巨头比如谷歌、Facebook、亚马逊、优步等比起来也是不相上下。而在企业服务领域,美国诞生了非常多像IBM、微软、Oracle(甲骨文)、Salesforce 这样的伟大的技术公司,对世界的信息化技术革命产生了很大的推动作用,同时也是信息化技术革命的受益者。

而在过去十几年间,中国在企业服务领域的技术公司还处于相对落后的位置。随着云计算、大数据、物联网、5G 等技术的兴起,未来中国一定会诞生更加有影响力的企业服务技术公司,掌握自主可控的技术,打造出具备核心竞争力的产品,进入世界市场,和欧美同行同台竞技。中国也需要一批具备世界影响力的企业服务技术公司,为经济民生贡献力量,为国家储备核心能力。阿里云在云计算领域已经具备成为这样伟大公司的实力,我觉得袋鼠云在数据技术领域也有机会成为中国的 Oracle 和 Salesforce。

袋鼠云是一家产品技术驱动的创新型企业,是数字技术的践行者。创业几年来,我们主要致力于四大数据智能业务:数栈(DTinsight),云原生一站式数据中台 PaaS 产品,帮助企业更快地构建数字化基础设施;数栈 Easy[V],交互式数据可视化开发平台,让数据价值看得见;聚焦金融、零售、政府、能源、文化旅游等行业的数据智能解决方案,让数据产生业务价值;数据化运维中台,帮助企业上云并构建云上的智能运维体系。

袋鼠云目前已形成集数据资源规划与获取、数据质量分析与提升、数据建模与开发、数据挖掘与萃取、数据资产管理、标签引擎等数据应用和运维方式于一体的数据技术基础设施产品体系,初步构建了完整的数据智能技术产业链条。2019 年累计签订合同总额超过 1.5 亿元,回款超过 1 亿元,计划 2020 年实现翻倍增长。

围绕数栈产品，袋鼠云不断完善自己的营销体系、生态体系、研发体系、交付体系和服务体系，服务了茅台、云南中烟、飞鹤、李宁、中原银行、华夏银行等众多客户，拉动了数据技术产业链上下游价值十亿元的项目建设。未来三到五年，我们将继续保持超高速增长，预计袋鼠云整个数据技术产业生态将往百亿量级发展，为社会提供至少数万个就业机会；我们将向着全力服务十万家企业客户的中期目标而努力。

高峰：袋鼠云未来的发展会是什么样子？

宁海元：中国企业的信息化、数字化程度相比欧美发达国家企业明显偏低，2018 年企业软件支出占比仅 3％，远低于国际 13％的平均水平，预计未来中国企业软件支出占比将快速提升至 10％左右。中台作为全新的企业 IT 系统架构，预计远期（2025 年前后）在企业软件支出中的占比或达到 15％，约 1000 亿元规模。

中台市场正处于爆发式增长的前夜，且增长势头明显，预计 2020—2022 年的复合增长率将保持在 72.1％。相比于传统 ERP、CRM 等系统，数据中台将给企业管理体系带来更加深远的影响。目前数据中台在企业内的渗透率还比较低，需求将长期、持续地释放。

中国企业级服务市场增长空间极大，而数据技术毫无疑问将会是企业服务皇冠上的明珠。袋鼠云在数据智能领域拥有丰富的经验和健全的产品服务体系，相信一定能够将世界一流的互联网企业已经验证的技术能力和服务能力输出给更多的企业，这将创造巨大的社会价值。数据技术一定会成为以在线化、数据化、智能化为特征的第四次产业革命最重要的基础设施，我们愿意与更多的客户、生态伙伴一起，探索未来企业服务的发展方向。

袋鼠云的品牌主张是"数据智能，让未来变成现在"。我们对这句话的理解是:很多东西属于未来,但一定是我们能看得到的美好未来。袋鼠云希望让这些属于未来的技术能够更快地到来。作为一家数据智能公司,我们就是负责把数据技术切切实实地应用到实际的场景中,通过服务企业的方式造福社会,使人们的生活更美好,社会效率更高。

高峰: 这次新冠肺炎疫情对袋鼠云的发展有什么样的影响?

宁海元: 说起新冠肺炎疫情,我想起在 5 月 15 日的"直通乌镇"全球互联网大赛·数字抗疫专题赛上,中国工程院院士李兰娟说:"浙江做得非常好!"她指出,在这场抗疫攻坚战中,数字技术成了重磅武器。在李兰娟院士出席的这场比赛中,有 7 家知名企业的项目参与展示,其中就有我们袋鼠云的企业员工健康追踪云图项目。

这个项目正是诞生于 2020 年年初,当时突发的新冠肺炎疫情对整个社会经济和民生的影响都很大。春节期间,我们的员工虽分散在祖国各地,但仍坚持在线办公。为了对每个员工的健康状况进行实时跟踪,我们的数据可视化团队在短短 5 天之内就基于数栈 Easy[V] 产品做了一套健康追踪云图,让整个公司 300 多人的健康状况在一张图上就可以清晰地呈现出来,为我们有序复工复产提供了很大的帮助。一些客户在看到之后也很感兴趣,于是我们立刻决定免费向社会提供这款健康云图产品,希望能用数字技术为抗击疫情做一点贡献。

对于大部分企业来说,2020 年的开局并不利。疫情之下,各行各业都面临着挑战。对于袋鼠云来说,很多客户的节奏在短期内不可避免地受到了一些干扰,同时我们也看到,在疫情中,以在线化、数字化、智能化为特征的数字技术发挥出了巨大的价值,在线办公、健康绿码、直播课堂、远程医疗、生鲜外卖等技术和产品,实实在在为抗疫做出了贡献,保障了民生。我相信,经历过这次疫情,越来越多的人会认识到数字技术的价值,从而期待数字经济时代的来临。长期来看,正如李兰娟院士对我们的寄语和期望:"这一次疫情来临时，互联网和数据技术凸显出了其重要的作用，大数据、健康教育、远程医疗在疫情的发现、控制和满足人民需求等方面起到了非常重要的作用。"在疫情防控过程中，数字技术的价值进一步被更多的人认知，对于像袋鼠云这样从一开始就聚焦于数字技术基础设施产品的创业公司来说，这是机会，更是责任。

◆ **高峰手记：**

袋鼠云作为第一家数据中台创业公司、数据中台的引领者，非常早地感知到了数据技术对时代的价值，并且勇于创新和实践。创立以来，袋鼠云不骄不躁，沉下心来研发打造出"数栈"这款一站式数据中台 PaaS 产品作为数据技术时代的基础设施，结合数据中台方法论，与众多伙伴和客户一起探索基于行业的数据智能解决方案，帮助多个行业客户加速了数字化转型，释放了数据价值，并逐渐推动形成新的数据技术产业生态。新的数据技术，新的产业革命，呼唤着更多这样的创业公司和创业者来加速和引领时代的步伐。

罗佳驹：
让每一个中国孩子
享受普惠教育

罗佳驹，杭州潘哒教育科技有限公司创始人、董事长兼 CEO。

浙江大学管理学院硕士。曾打造浙江省最大的 K12 线下培训机构学智教育、全国排名前三的教育机构 SaaS 平台小麦助教，拥有超过 10 年的互联网教育创业经历，深刻洞察和理解中国家庭对优质教育服务的需求。

杭州潘哒教育科技有限公司（以下简称潘哒教育）成立于 2017 年 12 月，目前公司规模已达数百人，拥有一支熟悉教育行业、擅长语言教学的团队。

作为一家快速成长的在线教育公司，潘哒教育成立初期便获得了国内一线投资机构的关注。2018 年 7 月，公司获得顺为资本领投，险峰长青、钟鼎创投跟投的 1 亿元人民币 A 轮投资；2019 年 12 月又完成 3000 万美元 A＋轮融资，估值超过 1 亿美元。

在取得不俗的市场成绩的同时，潘哒教育也获得了社会各界的认可。这其中既包括政府的肯定与支持——2019 年公司以浙江省第一的成绩入围第八届中国创新创业大赛全国总决赛，并最终摘获成长组全国第二名；也收获了百万孩子与家长的信赖——公司获妈妈网年度"口碑王"、腾讯年度知名在线教育品牌、网易金翼奖"家长信赖少儿英语品牌"等称号。

潘哒教育以普惠教育为初心，通过持续的产品技术创新、全面的市场推广、积极的对外合作，走可持续发展道路的同时，致力于让中国小朋友都有机会享受到优质的国际教育资源。

高峰：深耕教育领域十多年，最后为什么选择在线英语教育这个市场？

罗佳驹：之所以选择在少儿英语这个领域创业，最大的一个市场前提是，过去三四线城市的少儿英语教育受制于线下内容，不尽如人意，优秀师资缺乏，大多数孩子都是从 10 周岁才开始学习英语，早已错过了最佳的英语启蒙期。而伴随着家长对早龄化英语启蒙重视程度的不断提高，在线少儿英语教育将成为解决这一矛盾的最好途径。

相比于过往的线下教育，在线少儿英语教育可以通过更丰富的多媒体互动教学技术、AI 技术，更有效地连接教师、学生和内容，通过丰富的影音互动、伙伴竞赛、AI 纠音等手段帮助孩子提升英语水平。同时，随着线上支付、在线教学技术及教学内容的发展，线下学习的 5000 万学生未来会快速转向线上课程，这是一个值得关注的大趋势。在线教育市场的红利才刚刚开始释放。

就我自己来说，我和我背后的产品团队已经在这条赛道上积累了超过十年的行业经验，从线下的培训学校到 SaaS 产品，再到提供教育内容的爱课（air course），每一次探索，都让我们比以往任何时候更加接近普惠教育的初心。

爱课的发展历程

高峰:教育行业是一个永远的朝阳市场,而教育创业需要在创造经济效益的同时不忘育人的责任。潘哒教育对此是怎样平衡的?

罗佳驹:从社会价值方面来说,我们希望通过在少儿英语教育领域的钻研和优质内容的生产,为孩子们提供在线上就能学好英语的机会,以更优惠的价格、更好的服务来满足少儿英语学习的需求,达成"好课不贵"的模式愿景。

教育是一个民生属性特别强的领域,这就要求教育行业的创业者不能仅仅是一个商人,即便忘却商业,都不能忘却教育初心,我们希望能够一直坚持这个信念。2020年新冠肺炎疫情期间，为响应教育部"停课不停学"的号召，爱课联合学习强国、优酷、腾讯、快手等平台，上线了免费精品课程；同时我们旗下的两款热门直播课"百科英语"和"爱课六级少儿英语"，在疫情期间也全部免费提供给了全国小朋友。

创造社会价值是潘哒教育一直以来的"必选项"，经济价值则是公司可持续发展的基础，决定着我们将给社会贡献多大价值。

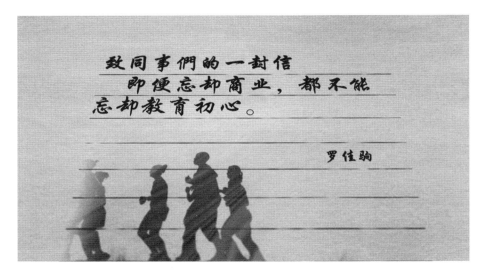

罗佳驹致公司同事的一封信

目前，公司已经为社会创造了上千个就业岗位及周边岗位。随着公司的发展，目前整个潘哒教育的估值已经超过1亿美元，月营收超2000万元。未来3年，公司预计营收增长每年将翻一番；到2023年，全年营收将达到近20亿元，利润2亿元，税收贡献1亿元。

高峰：这场新冠肺炎疫情让社会大众再一次认识到在线教育的独特价值，潘哒教育如何规划未来走向，如何把握在线教育未来的发展机遇？

罗佳驹：2020年年初，突如其来的疫情给很多行业造成了很大的影响，但同时也是一次经济形态变革的机遇。作为在线教育品牌，潘哒教育在疫情期间从用户数到销售量都获得了比较大的增长，这些增长给潘哒教育未来的发展带来了更多的鞭策和挑战。面对更多的用户从线下转到线上，潘哒教育思考的更多的是从教育产品和体验出发，为少年儿童打造更具价值的课程产品。未来，在线教育领域的"玩家"可能更多，但只有有价值的、秉持教育初心的公司才会长久生存。

当大部分英语教育品牌都在提供年费上万元的课程时，潘哒教育却选择了一条截然不同的道路。因为对我们来说，最大的挑战并非来自同行，而是来自一个远远未被开垦的市场：目前，无论是线下教育，还是线上的一对一教学，实际能够负担得起的家庭都是很有限的；而且，在5000万的3～12岁的目标人群中，可能有超过4000万分布在三四线城市。

我们面临着一个巨大的用户群体。尤其在2020年年初的疫情之下，全国的家长都经历了一次重要的市场教育。三四线城市的家庭有着和一二线城市同样的教育需求，但缺少获取优质的教师资源、内容资源的渠道。当众多在线教育品牌去做K12、一对一时，潘哒教育根据市场空白与用户需求，独创了自己的发展路径。

面对疫情，潘哒教育时刻坚守着作为一家教育企业的社会责任感。为响应教育部"停课不停学"的号召，我们推出"爱课爱心课"计划，向全国小朋友免费提供少儿英语体系课"爱课六级少儿英语"。课程推出后，受到了广泛的好评和强烈的市场反响。此次"爱课爱心课"赠课活动，共计捐赠课程金额超5000万元。

我们希望通过未来5～10年的努力，潘哒教育的爱课能够以"中国孩子的第一堂哈佛课"这样的形象呈现在大家面前。

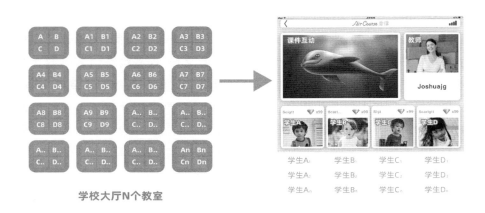

爱课 1VN 在线教育模式

高峰：作为一家在国内做在线少儿英语教育的企业，潘哒教育具有怎样的中国特色呢？

罗佳驹：我们团队具有独立开发课程的能力。为落实《新时代爱国主义教育实施纲要》，发挥在线教育平台教学资源效益最大化、学习行为灵活化的特点，我们将推出"美丽中国：哈佛百科 10 天集训营"主题课程。依托爱课在技术、内容与受众上的优势，在行业内首次将英语学习与爱国主义教育相结合，激发小朋友的爱国心、强国志、报国行。

我们一直认为，英语学习不仅是简单的语言学习，也是树立正确价值观的过程。"美丽中国"主题课程以通识教育为形式，课程分为十个主题，其中既包括长江、黄河、大熊猫、丹顶鹤等中国的"自然名片"，也有故宫、瓷器、古代发明等中华文明的典型象征。通过主题式的内容设置，让抽象的爱国主义精神有了主题鲜明、耳熟能详的典型载体，帮助小朋友更好地理解中华文明的传承之旅、现代中国的复兴之路。

爱国主义教育不能仅仅入眼，更要入心。借助 AI 与交互技术，"美丽中国"主题课程一改传统爱国主义教育形式单一、缺少互动的特点，由哈佛外教授课，四位小朋友共享一间"教室"。在哈佛外教的带领下，四位小朋友可以根据课程内容开展游戏 PK，有助于提升其学习兴趣和学习效果，让家国情怀、爱国主义真正在小朋友心中落地生根，推动其爱国之心切实转变成报国之行。

高峰：近两年在线教育市场可谓是"红海厮杀"，竞争异常激烈。相较于其他在线教育品牌，爱课的核心竞争力体现在哪些方面？

罗佳驹：随着技术的迭代和在线少儿教育市场的蓬勃发展，目前市场竞争很是激烈。但是一家以内容驱动为核心的公司，可以通过技术拉近孩子与优质内容之间的距离。目前整个市场上优质内容相对匮乏，我们希望通过更好的内容，提供更优质的英语课程。

爱课是一款 AI 智能一对多在线教育平台，它以领先的产品和技术优势进入在线教育行业，采用高教学价值、零边际成本、多课程体系的矩阵化课程产品开发方式，获得了快速增长。公司自建了商业营销网络系统，自营社群直销和渠道线上线下分销双管齐下，以多种类营销模式快速占领市场。平台在用户沉淀后，以用户运营的方式进行裂变、复购和扩科，延长用户的生命周期。

因此，优质技术、内容主导和商业营销模式加持，是爱课相较于其他品牌最核心的竞争力。

"美丽中国"课件模型

◆ **高峰手记：**

　　随着潘哒教育在各大一线城市和更多三四线城市的逐层渗透，罗佳驹离他"普惠教育"的目标越来越近了。任正非呼吁：用最优秀的人去培养更优秀的人。潘哒教育及旗下产品依托领先的数字化教学技术和优质的课程内容，加速教育资源的优化配置，让更多中国孩子能够享受到国际优秀的教师资源。我们相信，罗佳驹将和他的潘哒教育一道，坚守初心，用优秀的教育内容育人树人，培育更多兼具国际视野和爱国主义情操的优秀青少年。

章垚鹏：

让中国家庭
不再因病返贫

章垚鹏，杭州凡声科技有限公司创始人、董事长兼 CEO。

浙江大学管理学院硕士，毕业后一直深耕于互联网行业，精通互联网行业运营模式。2017 年力邀昔日好友张祺联合创业，以"让中国家庭不再因病返贫"为公司使命，共同创立"多保鱼"品牌。

杭州凡声科技有限公司（以下简称"多保鱼"）成立之初即高度重视搭建团队核心班子，广泛吸纳来自平安等传统保险公司及阿里、华为、网易等互联网巨头公司的骨干人员，带领团队成员不断研究与探索保险行业和互联网行业相结合的新业务模式。在不断探索尝试的过程中，组建产品研发团队，通过研究潜在用户的消费行为、用户习惯及精准需求，建立以大数据为核心，为用户提供涵盖风险测评、保险咨询、方案定制和保单管理等服务的专业体系。秉承专业、中立的态度帮助客户分析保险产品的优劣，提供线上保险方案设计服务，专注打造适用于年轻家庭的互联网保险决策平台。

依托保险知识内容矩阵，目前多保鱼已经实现了全渠道流量覆盖。通过微信、抖音、微博、知乎、小红书等分享平台，截至目前，多保鱼的文章阅读量与视频播放量累计超 10 亿，粉丝数累计超 800 万。多保鱼于 2019 年 9 月取得全国性保险经纪牌照，并实现了月度业务规模超千万元的突破和持续成长，深受大型创投机构及私募基金的青睐。

2019 年 2 月，多保鱼获得贝塔斯曼和真格基金共投的数千万元人民币 A 轮融资；2019 年 4 月获光速中国领投的累计近亿元人民币 A＋轮融资；2019 年 9 月，获云锋基金领投的累计 2 亿元人民币 B 轮融资，累计融资金额达 3 亿多元人民币，投后估值 1 亿美元，跻身准独角兽企业。

未来 5 年，多保鱼将致力于打造保险综合服务生态，建设线上线下融合的多流量体系，实现数据驱动，形成多环节服务闭环，以保险产品为核心，探索出上下游产业链产品转化的更多形式。

高峰：为什么会想到在保险行业创业，是因为热爱吗？

章垚鹏：现在我很热爱这个行业，但最初促使我进入这个领域的并不是热爱，而是痛苦。

高峰：痛苦？

章垚鹏：对，因为见到了太多因疾病、意外而陷入痛苦的家庭，所以才决定进入保险这个行业。

就行业现状来说，自 2015 年以来，中国已经成为全球第二大保险市场，但商业保险的渗透率依然很低，很多人只有社保，而社保的覆盖范围很有限。

当意外来临的时候，我们看到很多人陷入贫穷的困境中，为什么呢？因为太多人不知道事前能买保险以抵御风险，不知道怎么买保险。就是因为见到了太多痛苦，我才进入了这个行业，决心改变这个行业，"让中国家庭不再因病返贫"。

高峰：这是非常伟大的梦想，希望多保鱼能实现这个梦想。多保鱼现在已经完成了 B 轮融资，公司的影响力也与日俱增。一路走来，你有什么想法和大家分享？

创业初期核心团队的共创共识过程

多保鱼品牌形象

章垚鹏：创业圈里有这么一句话：如果你不是疯子，就不要去创业。因为过程真的非常辛苦。给别人打工还能有休息时间，给自己打工就是 365 天全年无休，半夜加班开会更是常事。

因为我们不仅是一个保险购买平台，还是一个保险知识科普和保险规划的平台，我们还需要建立保险知识内容矩阵，所以我们团队的工作量非常大。

熬夜、焦虑、不定时的三餐，其实这些身体上的辛苦不算什么，真正感到辛苦的是没有进步。尤其在前期的时候，业务拓展艰难，企业平台小，没办法在短时间内获得信任，谁敢轻易在这里买保险？更别提之后开疆拓土、积极融资了。

怎么办呢？除了扎扎实实做业务、做推广、开科普课、发文章视频，那时也没有其他更好的办法，只能这样慢慢积累信任。那段不断积累的过程是真的苦，长时间看不到未来的方向，那种迷茫和挫败感非常折磨人，几乎让人怀疑这条路是错的。团队里也有好几个伙伴坚持不下去，最终转了行。不过现在回想起那段日子觉得一切辛苦都是值得的，因为我们终于做出了成绩，我们的努力没有被辜负。

高峰：创业维艰，现在多保鱼获得了市场的认可，也不容易。

章垚鹏：公司 2019 年获得了 36 氪发布的 WISE 2019"新经济之王"中的一个奖项，名为"金融－保险科技之王"。当时参与评选的公司很多，能拿到这个奖项我们也很惊喜，这也是市场对多保鱼的一种认可吧。

高峰：公司 2019 年的业绩怎么样？

章垚鹏：2019 年，公司实现了几个亿的保费规模，同时也为社会提供了约 800 个工作岗位。未来这个数字还会增加，因为公司在扩大，我们需要更多优秀的员工加入进来。

多保鱼获 WISE 2019"新经济之王""金融－保险科技之王"奖项

高峰：2020 年上半年疫情肆虐，街上空荡荡的，无人消费，这对于很多行业来说都是一个决定生死的严冬。这场疫情对多保鱼的影响有多大？

章垚鹏：2020 年这场疫情确实来势汹汹，很多行业尤其是线下实体业受到了不小的波及，多保鱼也着实受到了一些影响，但是反观整个行业市场，我们保险行业整体保费却有了明显的增加。

据上市保险公司披露的保费数据，2020 年 1 至 2 月，寿险方面，国寿、平安、太保、新华、人保的原保险保费收入分别为 2280 亿元、1417 亿元、667 亿元、396 亿元、491 亿元，同比增速分别为 20.5％、－11.8％、－0.1％、44.2％、－6.2％，受疫情影响非常明显。

在死神面前，大家都想买份保险给自己和家人多一份保障，这很容易理解。看着每天实时播报的疫情数据，虽然同时面对因此而来的业务增幅,但着实无法从心底里高兴起来。在 2020 年 2 月全国疫情最为严峻、各类医疗救援物资最为匮乏的情况下,我们希望能为奋战在一线的医护人员尽一份绵薄之力,为饱受病情折磨的患者送去一份关怀。多保鱼通过多方渠道,调集了一批护目镜和 N95 口罩送往武汉同济医院,为重灾区的抗疫战士送上防护装备,也向杭州市拱墅区红十字会捐赠了医用口罩、泡沫洗手液、84 消毒液等物资。希望通过微薄的力量帮助到有需要的人,也希望这场疫情早点过去,大家的生活能早日恢复正常。

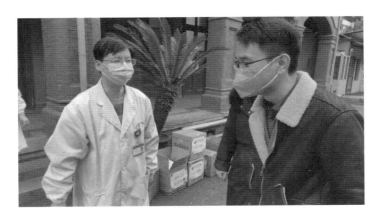

疫情严峻时刻,章垚鹏(右)前往医院捐赠救援物资

高峰:多保鱼能有这样的仁心十分难得,相信多保鱼一定能走得更远。刚才说到,疫情期间保险行业的保险保费有了明显增加,增速会一直持续下去吗?

章垚鹏:增速肯定不会一直持续下去,会有放缓的时候,但我相信整体上它一定是上升的状态。根据奥纬咨询的研究报告,中国保险市场的规模从 2013 年的 1.7 万亿元迅速增长到 2018 年的 3.8 万亿元,年复合增长率为17%,预计 2023 年将达到 6.9 万亿元。

单就保险行业来说，这次疫情的影响是正向的，因为大家确实感受到了保险对于一个家庭的重要性。当没有外援，自身的资金储备不足时，一旦出现意外，保险就是一个家庭最后的救命稻草。这次疫情促进了这种预防危机意识的普及，相信保险行业未来会有很长一段时间的增长。

疫情当下，众志成城，章垚鹏为一线抗疫战士送上防护用品

高峰：但多保鱼的营收模式和传统保险还是有差异的，多保鱼的业务主要集中在线上，虽说从大环境看预计会有长足的增长，但大家对于这种线上的保险模式会不会不信任？这种不信任会不会影响多保鱼的发展呢？

章垚鹏：这个问题就涉及人们消费习惯的养成。互联网发展这么多年，大家已经习惯于在网上购物，只要平台做得好，就不会有不信任的问题。而由于消费习惯的养成，互联网保险产品及服务平台成为中国保险市场上增速最快的销售渠道之一，并且在整个行业中扮演着越来越重要的角色，互联网保险的前景无可限量。

高峰：公司近期有什么规划？

章垚鹏：公司预计 2020 年全年主营业务收入 3 亿元，税收 1000 万元；2021 年主营业务收入 7 亿元，税收 3000 万元。

多保鱼未来将建成集创新研发、顾问服务、平台运营、客户服务、投资中心于一体的在线互联网保险行业总部基地，形成以保险决策为宗旨的互联网保险创新平台。目标虽然遥远，但我们有信心实现。

◆ **高峰手记：**

随着互联网经济的发展，市场对互联网保险的需求越来越高。目前整个互联网保险行业还处在低渗透率阶段，市场的发展空间还很大。

互联网经济的发展为保险行业带来了巨大的市场增量，随着人们网上消费习惯的养成，互联网保险产品服务平台成为中国保险市场增速最快的销售渠道之一。同时，随着社会的进步及消费升级，人们会进一步认识到保险的重要性，未来保险市场增量会持续大幅度上升。从产业变革的角度来看，互联网保险创造了场景保险，这是传统保险无法做到的，在一定程度上推动了保险渠道的变革。

顾惠波：
做数字农业领域的
管道工与泥瓦匠

顾惠波，浙江甲骨文超级码科技股份有限公司创始人、董事长兼 CEO。

北京大学法学学士，浙江大学 MBA。浙江大学产品追溯技术研究所首席专家，农业农村部农产品溯源与政策研究中心高级专家。获"首届杭州十大新锐杭商""中国电商十大风云人物""浙江省民建年度企业家""民建浙江省改革开放 40 周年优秀企业家""中国安全防伪产业行业先锋奖"等多个荣誉称号及奖项。

浙江甲骨文超级码科技股份有限公司（以下简称甲骨文超级码）成立于 2005 年，先后获得知名创投银杏谷资本、中赢资本及著名智能包装上市公司美盈森集团等近亿元人民币的投资；2016 年新三板挂牌。现为国家级高新技术企业、杭州市后备重点培育上市企业，曾获 2018 年度杭州市"社会责任建设最佳企业"荣誉称号。2019 年公司纳税近千万元。

甲骨文超级码致力于为企业和政府提供产品区块链数字身份与数字三农整体解决方案。作为数字三农信息化体系开创者、产品合格评定标准应用的先行者、全国防伪溯源国家标准的起草单位，甲骨文超级码是国内较早践行"区块链＋数字孪生农业"模式的弄潮儿，自主研发的"满天星区块链"已在国家网信办备案，目前已获得国家及省市级数百项荣誉和知识产权专利证书，聚焦政府智慧监管，为乡村振兴助力，为企业品牌数字化转型赋能。公司已为全国 400 多个地方政府、2000 多个农业基地、20000 多家知名品牌企业、数百亿件商品提供产品区块链防伪溯源、品质供应链、AIoT 及智慧农业、公共品牌培育、农安信用、品质追溯认证、品牌打假维权、码制管理、一物一码营销、智能包装、供应链金融等一站式技术应用服务。

甲骨文超级农业大脑——天空地一体化农业信息化平台

高峰：据我了解，大学毕业后，你先是进入了国家事业单位工作，是什么机缘让你离开单位并创办甲骨文超级码呢？

顾惠波：可能跟我的个性有关吧！我本质上是一个"不安分"的人，比较喜欢"折腾"。"勇于折腾"现在还是甲骨文超级码的核心企业文化之一。

我家是医药世家，考大学时我没有接受家人的安排，自作主张报考了北大法学院。2000年从北大法学院毕业后，我进入国家保密局下属的编码技术研究所工作。在研究所里，我经常参与防伪打假工作，发现中国的防伪打假形势很严峻，但技术应用市场却近乎空白。我认为这是一个机会，于是再一次自作主张，从研究所辞职下海，2005年创办了杭州甲骨文科技有限公司（甲骨文超级码前身）。在为客户提供防伪溯源技术服务的过程中，我们不断引入π安全码防伪技术、人民币安全线技术、可信时间戳、区块链等先进技术，同时逐步扩展和优化产品模块，切入数字三农领域，形成产品"从田间到餐桌"的信息监管闭环。

高峰：创业15年了，感受如何？

顾惠波：一路走来很艰辛，但也有很多的收获。第一个感受就是要受得了委屈，忍得了寂寞，守得住初心。我们是一家技术型公司，也是一家需要深入基层服务的公司，长期以来，我们上山下乡，帮助县域基层梳理产品种养殖生产环节,安装物联网设备,做培训纠偏,制定标准,做最脏最累的活。曾经的同行都已经转行,我们还坚持在这个行业深耕,我相信每个甲骨文超级码的员工都和我一样,对这个行业是充满热情和期待的,都怀有一种行业使命感和责任感。第二个感受就是创业要选择正确的赛道,尽可能选择能够解决国家或行业痛点的领域。第三个感受就是要善于学习,拥抱变化,用我们公司的话来说就是要"勇于折腾"。

高峰: 甲骨文超级码的社会价值和经济价值是如何体现的?

顾惠波: 甲骨文超级码是一家致力于为企业和政府提供产品区块链数字身份与数字三农整体解决方案的企业,所属行业的性质本身就是利国、利民、利企,其社会价值和经济价值从大的方向看主要体现在以下几个方面。

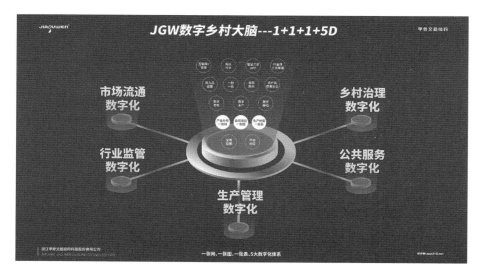

甲骨文超级码数字乡村大脑

一是通过大数据加速数字中国建设。一方面我们利用数字孪生助力国家数字乡村建设。"数字乡村"的概念说起来很大，其实很好理解，比如疫情期间，大家在网上进行健康打卡，这种数字化防疫形式就是数字乡村中的一环。在安吉余村，我们以一村一码、一户一码、一物一码为抓手，通过码链接农业、农民、土地、生态和旅游等，实现多级管理，推动乡村资产数字化，助力产业兴旺、生态宜居、乡风文明、治理有效、生活富裕。另一方面，我们通过大数据加速农业数字化转型。比如，我们在山东搭建了一个山东健康猪智慧养殖大数据中心，如猪舍环境湿度是多少，猪只的体温是否正常、活跃性是否达标，每天什么时候进食、进食多少，出栏时体重是否达标等，都可以实现智能化、精细化、数据化管理。融合全程追溯、智慧养殖、品控保险、大数据分析等一系列服务，纵向到底，横向到边，实现产业数字化转型。

二是利用"区块链＋"等技术推动构建诚信社会。对于区块链，大家都不陌生，数据一旦上链，就无法篡改，这与打击假冒伪劣产品、加强食品质量安全管理的需求天然契合。我们公司区块链应用较早，现在已经累积了近20亿数据。最普遍的应用场景是"区块链＋溯源""区块链＋合格证"，从企业内部质量安全管控入手，提升经营主体的质量管理能力，通过区块链构建可信任机制；再通过品控溯源认证、第三方权威检测等多种方式，多维度构建信用链条，以此推动诚信企业经营和诚信社会构建，为社会信用体系提供有效的解决方案，最终实现"让信任变得简单"的目标。

三是通过"互联网＋"推动电商进农村。我们积极践行"互联网＋三农"行动计划，大力推动县域农村电子商务产业发展，比如在安仁县、黄平县、太白县、龙山县、象州县、忻城县等400余个市县，助力政府搭建农业大数据云平台，通过建立县域特色农产品区块链防伪溯源质量保障体系、品牌运营体系，共创当地品牌发展模式，推进农产品质量安全管理，协助产品创造更高价值，提升农产品溢价空间，进而推动数字"下乡"、品质"进城"。

　　四是通过数字身份科学助力国家精准扶贫和数字化防疫。最开始，我们利用数字身份是为了实现对产品的全流程信息追溯，随着产业发展、社会进步，一村一码、一户一码、一物一码、一人一码的应用越来越广泛，通过对码的管理可以衍生出更多有意义的创新应用，助力扶贫和防疫。

　　把数字身份与扶贫结合，可实现扶贫数据追溯。在贫困县雷山县，把扶贫产品关联到追溯系统，让扶贫产品的销售情况可追溯，实现扶贫数据化管理，并精准落实到人。当然还有其他类型的创新应用，比如扶贫人员与劳务岗位精准对接、扶贫与脱贫管理精准对接等，这些我们在紫阳县、三江县、河曲县等贫困县都有应用。

农业农村部与甲骨文超级码联合共建的
"农业农村部农产品品控与政策研究中心"揭牌

顾惠波在广西壮族自治区宾阳县为地标产品古辣香米直播带货

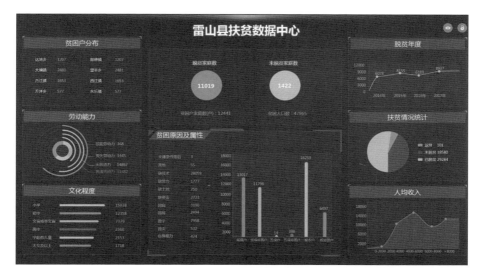

雷山县扶贫数据中心

把数字身份与防疫管理结合，可实现数字化防疫。疫情发生时，我们主动承担社会责任，开发了一款面向全国的公益防疫软件——一起战"疫"数字乡村防疫管理云平台＋"村里办"小程序，通过一人一码式管理，解决基层社区及乡村疫情管理信息不通畅、数据不精准等问题，提供隔离人员实时打卡等便民服务，协助政府部门做好数字化无接触式管理和疫情防范及追溯。

当然，企业的社会担当应该渗透到每一个员工心中，我们在公司内部推崇"全员义工文化"，公司员工每年都会参与各类义工活动，累计时长已达数千小时。

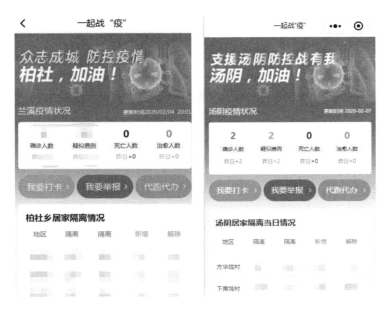

一起战"疫"数字乡村防疫管理云平台

高峰:甲骨文超级码未来的定位是什么？

顾惠波:我们公司的愿景是"成为产品区块链数字身份及数字三农领域

的持续领跑者"，同时成为数字三农领域最具代表性的上市公司。公司目前拥有省级企业研发中心和200余项专利软件著作权，还是国家工业和信息化部"工业互联网标识解析二级节点平台项目"的建设单位，承担了"十三五"国家重点研发计划"蓝色粮仓科技创新"重点专项、浙江省省级重点研发计划项目等多个项目。今后公司会持续加强科技创新，争取早日成为国内行业领先的大数据高科技公司，希望借助我们的核心产品，为更多的县市政府、品牌企业及广大的农民提供优质的服务。

高峰：受疫情的影响，现在很多行业都说要做好"过冬"的准备，你对甲骨文超级码所处行业的未来怎么看？

顾惠波：这次的疫情对整个国家经济的影响是巨大的，对我们公司的影响也很大。我们首先要做的就是继续保持并不断提升公司的核心竞争力，同时带动和我们紧密相连的上下游供应商合作伙伴，形成良好的产业链合作小生态圈，这是我们的基本责任。

危机，有危也有机。这次抗疫过程中，全国各地政府机构的行动暴露出一些薄弱之处，比如乡村的网格化管理、关键信息传达、人员流动追溯、政府政令及信息协同等方面都存在着短板，而若能将我们的"产品全生命周期可追溯体系""数字农业"及"数字乡村"平台进行普及和应用的话，将大大提升国家抗疫防控的效率及成果，追溯每件防疫物资的去向，追踪每位人员的行动轨迹，用云平台、大数据完整地呈现地区整体疫情动态，让政府的监管变得更简单，让公众的信息变得更透明，使民众的信任度更高、政府的公信力更强。

我预计我国的数字三农和数字乡村战略不仅不会因为这次疫情放缓，反而有可能加速推进，行业万亿级市场正在开启。此外，随着区块链上升至国家战略，加上广泛的下游应用需求，我国区块链市场也已迎来发展的黄金时期。只要企业有能力适应变化，有决心拥抱变化，我相信在"区块链＋数字三农"行业，未来一定会涌现出一批优秀的企业，甚至有可能出现好几家行业独角兽，让我们拭目以待吧！

公司获得浙江省爱心事业基金会授予的"彩虹计划"团体贡献奖

◆ **高峰手记：**

甲骨文超级码，一家求真务实又不乏野心，立志成为数字三农行业独角兽公司的优秀企业。顾惠波，一位脚踏实地又勇于"折腾"的优秀企业家，正乘着国家行业政策的东风，带领甲骨文超级码向着数字三农领域领军企业的目标奋力奔跑。

张卓鹏：
让智能眼镜成为
人类的新器官

张卓鹏，杭州光粒科技有限公司创始人、董事长兼 CEO。

浙江大学光电系学士，美国特拉华大学金融硕士、电子与计算机工程专业博士。浙江大学工程师学院特聘校外导师，浙江师范大学特聘兼职教授。多年来，张卓鹏深耕光学与成像领域，在国际顶级光学期刊发表多篇学术论文，获得多项国际专利。

杭州光粒科技有限公司（以下简称光粒科技）是全球领先的 AR 智能眼镜公司，也是中国电子科学技术委员会基础电子组专家组（三维显示方向）成员单位、浙江省科技厅重点研发计划承担单位、杭州市领军型创新创业团队公司、杭州高新区（滨江）"5050 计划"引进企业。

光粒科技作为全球知名的 AR 创新公司，成立几年来吸引了顶级投资机构的青睐，线性资本、新加坡淡马锡旗下祥峰投资、常春藤资本、央视唯一上市公司中视传媒旗下基金等国内国际顶级风投机构先后参与公司数轮融资。

光粒科技以"高端技术国产掌控"立足。公司团队骨干来自浙江大学、美国康奈尔大学等国内外顶级学府，拥有国内和国际专利 100 多项，自主研发并建立了全球领先的微纳中心和衍射波导技术中心，从源头开始，全方位掌握衍射光波导的全部技术，涵盖设计（衍射成像的设计软件）、基础材料（特种光刻胶）、制造（微纳加工平台）等所有环节，堪称国内唯一、国际领先。

光粒科技以"让智能眼镜成为人类的新器官"为使命。公司基于自研技术推出了极致轻薄的 AR 智能眼镜，逐步落地 AR 生态的多个应用场景，不仅包括下一代军用智能眼镜、工业级智能眼镜、行业级智能眼镜，还包括全球领先的消费级智能眼镜，全力以赴打造新一代"AI＋AR"互联网的硬件入口，抢占由 5G 开启的下一代计算平台的国际制高点。

高峰：公司取名"光粒"有什么寓意？能否谈谈创立光粒科技的初心？

张卓鹏：不知您有没有看过一部小说：《三体》？它讲述了地球人类文明和三体星系超级文明在黑暗森林和猜疑链的宇宙法则下，历经数百年的交流、搏杀，最后双双覆灭的兴衰历程。其间，科技远远领先地球文明的三体世界被更加高级的科技文明定点摧毁，所用的武器就是一颗小小的光速微粒——"光粒"；被光粒摧毁后的幸存者，则开创了全新的文明形态——星舰文明，驶向宇宙深处。我本人长期从事科技工作，深知科技的力量和神奇，可以说，整部人类文明史，就是一部科技进步史。极端地讲，甚至是科技推动着整个社会移风易俗、哲思变迁、文艺更新迭代、"后浪"生生不息。科技是企业竞争、文明竞争、国际竞争的武器，也是新生活开启的动力之源。我们公司以"光粒"命名，无疑就是想确立"科技为本"的企业基因，用科技产品开创人类全新的生活方式。

这样的寓意也等同于创立公司的初心。当然，更具体地讲，光粒科技现阶段的使命是"让智能眼镜成为人类的新器官"。

信息革命爆发以来，人类对信息的接触、接收、交互呈现移动化的趋势，本质上看就是信息在渗透人类生活的所有时间。然而，信息还有另一种天然的本质属性，那就是渗透人类生活的所有空间。这种本质属性，过去受制于技术未能实现，毕竟我们不能在现实世界的每一寸空间布满实体屏幕。

而现在随着 AR（增强现实）技术的发展，信息渗透空间变得可能，因为占领现实世界每一寸空间的是虚拟内容，无须实体部署，没有边际成本。可以说，上帝关上了移动互联网的"流量红利"这扇门，技术则打开了 AR 互联网的"空间红利"这扇窗。

光粒科技智能眼镜

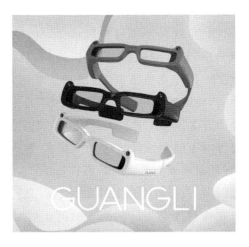

多姿多彩的眼镜款式

AR 互联网的最佳承载主体，就是智能眼镜。它拥有手机无可比拟的视野拓展能力、3D 呈现能力、解放双手能力、万物互联能力，是屏幕时代的终极形式。同时，当 AI 算力、3D 内容在 5G 的"高速公路"上毫秒必达时，它将进一步成为人工智能触达人类个体的最佳交互接口，或者说，就像是人工智能依附在人体上的一个全新的器官。硅基文明完美交融碳基生命，智人真正进化成为"智人"。

高峰：智能眼镜这个新器官就好比是进入新世界的一张门票，能描述一下这个新世界的样子吗？

张卓鹏：这个比喻非常贴切。我平时常说："拥有新器官，前往新世界。"没错，智能眼镜这个新器官就是人类前往新世界的一张门票，也是我们国家奔向下一个时代的顶级门票。

借助智能眼镜这个新器官，人类将看到这样一个新世界，也将生活在这样一个新世界中：三维的现实世界被三维的虚拟内容所包围和充斥，这些三维内容很大程度上是智能化构建的，又是智能化与现实及人交互产生的。

在军事战争场景下，一个城市巷战环境中，所有的建筑物、移动物体都被标注，行动指令、行动分析实时产生，并与标注智能结合。战士所见即一个数字化战场空间，AI 视觉和语音导引着他们的下一步行动。

在工业制造场景下，一个汽车总装厂内，所有产线环节、汽配零件都被跟踪，流程进度、装配方案实时呈现，并与现场细节结合。工人培训的成本大大降低，作业的准确率和效率则大大提升。

在教育教学场景下，一间教室里，人教版教材的每一段文字、每一幅插图都有相应的 3D 全息模型悬浮在课桌上方。原本晦涩难懂的解析几何、物理定律、地理现象等知识，被学生轻松掌握；原本枯燥乏味的历史、政治、社会知识，学生可以身临其境地体验。课堂教学变得前所未有的生动和引人入胜。

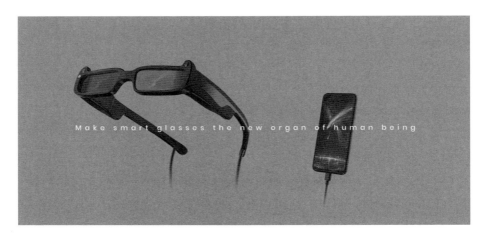

光粒使命——让智能眼镜成为人类的新器官

在消费场景下，人们旅游时，将会有一个虚拟导游，时刻为人们讲解，调取不同景点的不同动画来配合呈现，外国文字和语音则实时翻译，甚至与外国人的交流也可以实时翻译。

在家庭里，人们在厨房炒菜时，将有一个实时菜谱视频悬浮于炒锅上方，餐桌上方有共享电视供家人休闲娱乐；客厅则有可能变成一个交互式的游戏场地；宽屏影院则贴着主卧的天花板，供小两口躺着观影……

基于万物互联，内容端来源将极大丰富，更多的场景将被 AR 创造出来。只有想象不到，没有呈现不了。一旦前往新世界，就再也回不去旧大陆。

高峰：这确实是一个令人神往的更精彩的新世界。如你所说，这也是我们国家奔向下一个时代的一张顶级门票。那么，你觉得我们国家建设这样一个新世界的优势在哪些方面？光粒科技又在其中扮演着什么角色？

张卓鹏：在这次新的信息革命中，中国绝对不能落后，也不会落后，因为我们占据了得天独厚的优势，可以说是"天时""地利""人和"。

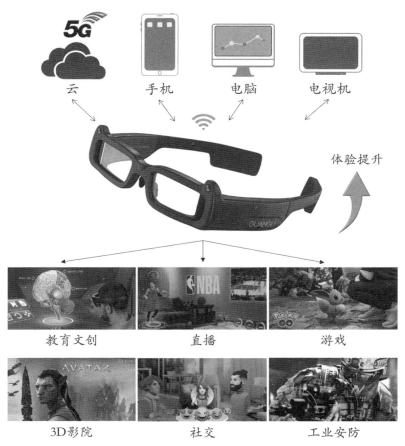

5G + AR 生态系统

"天时"：移动互联网在中国普及和发展的速度比国外更快，因此在移动互联网升级为更高级的 AR 互联网方面，我国占据了先机。目前，大众对移动化的生活方式已经接受得足够彻底，市场已经进入"下半场"，即迫切要求内容形态、交互手段的丰富和体验的提升。

"地利"：从技术基础和部署成本两方面来看，中国是 AR 互联网新世界的天然热土。首先是技术基础好。中国的通信设施建得好、建得快是举世公认的；5G 的知识产权掌控力世界领先，部署速度和规模亦是世界领先；在物联网、人工智能和云计算领域，中国的发展后来居上，且增长速度超过国外。其次是技术部署成本低。由于中国人口密集，这对于 AR 互联网这种改造现实世界的技术而言，单位空间的信息使用频次就更高，相应地，创造同样的"空间红利"所对应的技术部署成本更低，转嫁到付费用户侧的综合成本也更低，好处就是用户群体接受新事物的门槛降低，因此普及速度更快。

"人和"：中国网民人口基数庞大，居世界各国之首；中国的互联网和移动互联网开发者数量冠绝全球；中国移动互联网商业模式创新效率世界最高。

在这个"天时、地利、人和"的前提下，只要国家层面绝对重视，中国跑赢这场比赛的成功率是非常高的，可获得的利益将是极大的，影响将远超前几轮信息革命。未来我国将不仅仅向国际输出商业模式和基础设施，以及现在初具苗头的技术和产品，还能进行文化输出——这是实现中华民族伟大复兴的应有之义。

光粒科技在这个过程中所扮演的角色就是排头兵。在排头兵背后支撑着的，是整个中国信息产业供应链体系和基础设施体系。这类似于汽车厂商背后是从汽车发动机到轮胎的整条汽车工业链，手机厂商背后是从芯片到电池的整条手机供应链。作为全球领先的智能眼镜终端公司，光粒科技要做的就是"科技为本，产品为王"，当好排头兵。

高峰：排头兵肩负着冲锋陷阵的任务，这对团队的要求非常高，光粒科技这支队伍有什么优势？

张卓鹏：企业是由人组成的，优秀的企业必然有一群优秀的人。我们团队既有核心技术的单点爆破能力，又有成套产品的综合解决方案，这得益于团队成员长期积累的技术和研发经验。我们技术团队的核心成员或毕业于名校，或曾在国际知名公司任职于关键岗位，或在国内外顶级学府长期从事科研工作，在跨学科的成像、材料和微纳领域深耕多年，

国家技术发明奖证书，获得者：李海峰
（浙江大学现代光学仪器国家重点实验室教授、光粒科技首席科学家）

179

在 *Nature*、*Nano Letters* 等顶级期刊发表过高质量论文。2019 年，我们的首席科学家李海峰还凭借超分辨光学微纳显微成像技术荣获了国家技术发明奖二等奖。而且，我们的产品团队成员从事过智能手机的研发和量产、车规级光学产品的研发和量产、操作系统的研发、图形图像算法的开发等，大家都是十多年的"老兵"了，经验和行业资源非常丰富。还是那句话，"科技为本，产品为王"，是刻在光粒科技团队的基因里的。

高峰："科技为本，产品为王"，光粒科技的这个基因非常"硬核"，也符合这个时代的主旋律，是国家重点引导和倡导的方向。目前光粒科技在这方面的进展如何？未来有什么规划呢？

张卓鹏：光粒科技是一家创业公司，目前我们在科技上正进行核心技术突破。从源头开始，全方位掌握衍射光波导的全部技术，涵盖设计（衍射成像的设计软件）、基础材料（特种光刻胶）、制造（微纳加工平台）等所有环节，堪称国内唯一、国际领先。

在技术的支撑下，智能眼镜的镜片可以做得非常薄，与普通眼镜镜片无异。目前我们已经推出了全世界最接近消费级的智能眼镜产品。光粒眼镜克服了基于上一代技术的智能眼镜的两大缺陷。第一，基于上一代技术的智能眼镜像墨镜。上一代技术必须基于多片半透半反的镜片，这就极大地减少了真实世界的光线进入眼球——后果很糟糕，毕竟人类不方便戴着墨镜工作、学习，这会给生活带来极大的不便。第二，基于上一代技术的智能眼镜镜片太厚。这是由于传统技术必须基于单个大曲面或者多个镜片组成反射腔体，无论如何，镜片的体积都难以缩小，佩戴的美感全无，且配重前置于鼻梁，舒适度大打折扣。

光粒科技微纳中心

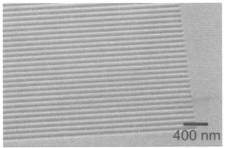

光粒科技研发成功微纳 3D 加工平台

光粒科技研发的镜片是一种可调透过率的波导片，透过率最高可达90％以上（接近普通眼镜），最低可达 10％以下（更胜太阳镜），这就保证了镜片在室内外、复杂环境及特殊情况下（如切换 VR）的通用性；同时，镜片厚度小于 3mm，约等于一副 100 度近视眼镜的镜片，非常薄，佩戴的美观度和舒适度都很好。

此外，光粒眼镜拥有强大的处理能力、高速的无线连接、长时间续航等特点，丰富的接口可以满足军用级、工业级、行业级的多种定制化需求。很快，在市面上就能看到我们光粒科技的产品。

至于未来，我想说：路漫漫其修远兮，光粒将上下而求索。求的是什么？求的是不断地从一个点到另一个点的科技突破，不断地从单点到体系的科技建设。只有孜孜不倦，才能在长期的竞争中立于不败之地，牢牢掌控自己的命运。这也是国家赋予我们的责任。当然，我们也会在市场运营、公司治理方面不断提高，就像一个学生一样努力追求全面发展，致力于成为一家卓越的国际型高科技公司。

光粒眼镜在不同环境下的成像效果对比：
（上）光粒波导眼镜片异形定制
（下左）室外强光环境下的文字/数字成像
（下右）室外强光环境下的图片/视频成像

◆ 高峰手记：

当今世界，所有科技巨头都致力于探索下一个平台的可能性，而智能眼镜一直以来都被认为是信息产业领域的下一代计算平台，它的应用，将比肩甚至超过智能手机带给人类社会的影响。在人类社会即将全面迈入 5G 时代的起点线上，光粒科技作为一家以极致产品驱动、以 AR 智能终端和智慧服务为核心的科技公司，将通过 AR 智能眼镜这一终端构筑一个融汇数字世界与物理世界的全新生活方式。祝愿光粒科技怀揣着"让智能眼镜成为人类新器官"的愿景，秉持着"高端技术国产掌控"的志向，代表中国的科技公司，抢占由 5G 开启的下一代计算平台的国际制高点。

以光粒科技为代表的智能眼镜公司，是这个新时代下科技公司的典型，中国的未来需要这样一批公司去开拓、去点燃新世界的希望。

陈玮：
为教育产业赋能

陈玮，小麦助教联合创始人、执行总裁。

浙江大学计算机学院毕业，曾任美国虹软（杭州）高级研发经理、拼好货、拼多多的核心创始员工。从 2015 年起，作为小麦助教联合创始人，带领团队从 0 到 1 不断突破，从技术创新、科学管理、人才梯队培养等多维度入手，实现企业的转型升级和持续发展。

小麦助教是专业的教育信息化全渠道服务商，以数据和技术为引擎，为教育机构提供数字化运营管理解决方案，致力于构建教育信息化新生态。目前企业已成功服务超 30000 个教育品牌，超 40 万名教育从业者，近 2000 万个学员和家长。现有产品体系包含小麦助教管理系统、小麦秀、小麦收银、小麦学院等，率先实现了在 SaaS 信息化服务、内容营销、金融服务等多元领域的落地应用。

小麦助教拥有一支高素质的人才队伍，团队成员来自浙江大学、清华大学、复旦大学、伦敦大学、新加坡国立大学等国内外知名高校，部分成员曾连续成功创业，在 K12 教育培训、移动互联网产品开发、大数据等领域深耕多年。

2019 年，小麦助教获得新浪教育"品牌实力教育服务商"、亿欧"全球教育科技 Top 50"、腾讯教育"科技创新教育品牌"等多项荣誉。2020 年，小麦助教获得符合国际标准的 ISO 27001 信息安全认证。

以"为教育产业赋能"为使命，小麦助教愿做教育产业链上的助力者，用科技创新为中国的教育事业贡献力量。

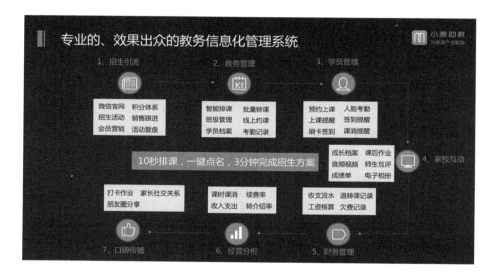

小麦助教管理系统功能示意

高峰：你是怎么走上小麦助教的创业之路的？现在感觉怎么样？

陈玮：公司的几个联合创始人都是连续创业者，本身我们也做过线下教育培训机构，并且做到了一定规模，对 K12 教育领域有较为深入的理解。在做线下教育的过程中，我们发现，线下培训是一个极其分散的市场，全国有近 100 万家中小机构，新东方、好未来仅占整个培训市场份额的 5% 左右。整个线下教育培训行业的信息化程度非常低，从业者的信息相对封闭。通过大量的产品调研，我们深刻地感受到中小型教育培训机构在传统管理模式上存在的弊端，它们往往采用纸质化表格来做机构数据的沉淀、管理和更新，很容易出现数据更新不及时、数据遗失、资料遗漏等问题，非常不利于机构的数据沉淀，以及机构与家长之间的沟通。我们认为，教育培训机构的重心应该是打磨教研内容、提升教学质量，因此应该让它们从烦琐的教务管理工作中解放出来。这也是我们创立小麦助教的初衷，希望能够通过信息化工具来服务线下教育培训机构，通过数据和技术打通线上线下的各类教育场景，提升整个教育行业的整体经营效率。"为教育产业赋能"是小麦助教的使命，我们始终认为教育是一件非常有意义、有价值的事，能在教育这个细分领域，通过创新技术来赋能产业，是一件值得去做、有使命感的事情。

杭州有天然的创业基因，浙江大学素有"中国最爱创业的大学"之美誉，

"求是创新"的校训也深深烙印在每位浙大学子的心中。创业对我来说更像是一件自然而然的事，因为身边有太多创业者前辈。最深的感受就是每时每刻都在和时间赛跑，随时准备拥抱变化，不断做出突破调整。我自己有每周长跑的习惯，其实创业就跟长跑一样，最重要的是坚持下来，形成惯性，习惯性地去思考，去创新，去实践。

高峰： 怎样才能打造出自己心目中的小麦助教？

陈玮： 在我看来，创业之前要问自己一个最根本的问题：你可以为社会解决什么问题？我认为任何一家创业企业都应该从这个根本问题出发，去思考自己可以做些什么，目前有没有这个能力，未来能做到什么程度。创业的初衷应是为用户解决生活中的一个需求点，比如电商类平台颠覆了线下购物的场景，使人们足不出户就能买遍全球；滴滴打车重构了用户的出行方式，画出了一个乘客与司机紧密相连的O2O闭环，最大限度地整合了司乘双方的资源和时间。那么小麦助教要做的，就是让教育培训机构的校长和老师们专注于教学本身，从烦琐的经营管理日常中解放出来。

这里还想分享一个小故事。我们的第一位客户是在小麦助教产品1.0还没有正式落地的时候出现的，当时产品经理带着产品原型图在一家线下机构做调研，没想到客户当场就付钱预订了，这也让我们更加坚信所选择的方向是对的，是能够满足客户需求的。

明确用户需求之后，创业企业应该切实提高产品质量和服务水平。只有最大限度地为用户创造价值，才能够满足社会对企业的需求。在过去的一年里，小麦助教也实现了从单一的工具到全方位服务的转型。除了小麦助教管理系统帮助教育培训机构解决教务、财务、家校互动等难题之外，我们还有小麦学院为教育培训机构的校长提供经营管理方法论的培训，通过定期的优质内容输出，提升机构管理者的技能和行业体感，更全面地赋能机构。

高峰：小麦助教的现状和市场现状怎样？你对未来有什么预判？

陈玮：受疫情影响，线下教育培训机构复课延迟，OMO（Online Merge Offline）模式成为教育行业的一大热词。OMO 模式是指线上和线下的深度融合，是继 O2O（Online to Offline）之后市场效率得到大幅提升的商业模式。和教育 O2O 模式单纯将交易过程放在线上不同，OMO 模式试图在从交易到服务的全链条上实现线上线下的融合，这一模式解决了教育 O2O 发展受阻时遇到的诸多问题，比如教学过程可视化不足，缺乏教学数据沉淀，教师与学生难以长期留存在平台上。而对于在线教育机构来说，要想获得高速发展，需要下沉市场，打造教学内容本地化体系，做精细化的服务。因此，可以说，OMO 会是未来教育行业的一个主场景，在这一发展形势下，线上教学和服务要同时兼顾线下教学和服务，给用户全方位、沉浸式的体验，满足用户的个性化需求。产业互联网时代将重塑产业链，将会给行业模式带来诸多改变，行业资源的整合会更加依赖于互联网，技术赋能教育的方式也会更加多元化、立体化，我相信教育信息化会成为未来一个普遍的现象。

高峰：小麦助教的团队和产品是面向教育培训行业这一细分领域的，小麦助教如何才能更深、更好地赋能行业呢？

陈玮：自创立以来，小麦助教专注于教育培训机构 SaaS 系统，不断挖掘线下机构的业务场景，实现其管理协作的线上化。作为创业公司，我们恪守为机构赋能提效的初心，保持快速迭代的机动优势，后发先至，不断突破行业旧例，在业务创新中摸索出一套行之有效的产品方法论。

我们通过极致的产品体验有效激发了教育培训行业数字化的潜在需求，与教育培训机构共同拥抱产业数字化、数字产业化赋予的机遇。

陈玮在 2019 腾讯教育"回响中国"教育盛典现场

小麦助教对行业的赋能主要体现在以下几点。

第一，线上线下紧密融合。在数字化转型不断深入的过程中，我们认为几乎没有公司能脱离互联网而独立存在。我们相信，教育的本质不会因为外在形式的演化而发生改变，打通线上线下教学场景的 OMO 模式会成为未来教育的主流模式。小麦助教站在教育信息化的新起点上，打造更适合于互联网教学模式的教育工具和平台。我们提供的是教育全场景的数字化解决方案，加速教育机构的 OMO 转型和布局，推动教育工作方式发生变革。

第二，助力教学智能化。教育行业是智慧密集型的行业，教育培训机构核心的资产是教学设计,教育成果则是学生在知识和技能上的有效进步和成长。我们将以市场化的方式整合优质教学资源,基于自身信息化平台的中心化分发优势,打通教学内容到教学成果的智能化链接通道,一方面以教学内容为核心,打造聚合优质教学内容的生态系统,满足未来学生全面发展的需求;另一方面重视学生的学习进度,通过产品功能设计引导和智能算法推荐,激励学生"愿意学",激发学生和教师深度交流的欲望,形成学习效果的正反馈闭环,全方位培养创造型人才。

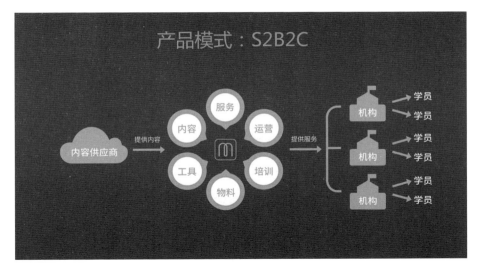

小麦助教内容产品图

第三,赋能机构的管理"副脑"。教育培训机构以优质的教育成果为核心目标,运营和管理的工作效率越高,老师就越能将有限的精力专注在教学工作上。19世纪以来的工业化进程推进了社会组织的协作分工,提升了各行各业的生产效率,但信息革命以来,在数字化的演进过程中,原有行业新增的不少工作场景渐渐模糊了固有的分工界限，导致产出效率下降。这时候，一套能实现线上智能协同的产品系统则可以有效提升机构的组织管理效率。利用小麦助教 SaaS 系统，教育机构的老师们可以轻松整合教学边界上的事务型工作，实现与机构其他专业职能人员的无缝协同，使所有人在同一个平台上有机配合、高效产出。小麦助教完美解决了教育培训机构线下协同的短板，让机构能够站在全新的起跑线上轻装上阵，为国家和社会发展培养更优秀的人才。

以内容＋技术双轮驱动，小麦助教有能力也有决心推动整个教育行业的快速进步。教育强则国强，小麦助教致力于成为教育行业发展的"加速器"，提供一流运营管理工具，整合优质教育教学资源，引领教育培训行业走向信息化和智能化，真正实现为教育产业赋能。

◆ **高峰手记：**

小麦助教作为专业的教育信息化全渠道服务商，通过互联网＋教育，为教育培训机构提供一站式运营管理解决方案。以 SaaS 信息化服务为切入口，依托于创新的互联网技术，小麦助教打通了线上线下的各类教学场景，极大地提升了教育行业的整体经营效率。近年来，小麦助教实现了从单一的工具向全方位服务的升级，助力教育机构实现校区经营标准化，提升教育机构的产品力、营销力、数据力，全面赋能教育产业。

杨明泰：
我们永远在打造
更好的教育的路上

杨明泰,超级课堂创始人、董事长兼 CEO。

浙江大学公共管理专业硕士,中华教育改进社社员,"今日头条"年度先锋人物,深耕教育领域十多年,其创立的超级课堂是国内首家具有革命性的中小学大片式网络互动学习平台。

超级课堂于 2012 年正式上线。"兴趣产生时,教育自然开始",这是超级课堂一以贯之的教育理念。上线以来,超级课堂坚持以优质内容为核心,将信息技术与教育深度融合,以人工智能、大数据、多媒体等新兴技术为基础,实现数字资源、优秀师资、教育数据、信息红利的有效共享,助力教育服务供给模式升级,促进优秀师资、学科、动画技术的良性互动,实现大平台、大学科整体布局,协同发展。迄今为止,超级课堂学员已经超过百万。

高峰：当初为什么选择了线上教育这个方向创业？

杨明泰：之所以选择这个方向，是因为我对于欠发达地区的孩子及他们的家长面临的窘迫的教育现状很有感触，我很想做些什么，改变些什么。最开始，我们是从传统教育培训行业做起的。2008年3月，我们创立了定位高端的一对一凯风教育，也就是超级课堂的前身。团队的管理成员来自美国纽约州立大学、中欧国际工商学院、浙江大学等世界知名学府，他们本身是在中国教育体系中成长起来的佼佼者，又有着丰富的行业经验和管理经验，在技术、管理和队伍培训等方面都有着独到的见解。

凯风教育鼎盛时期，拥有多家线下实体门店，覆盖上海、杭州、温州等地。乍看势头一片良好，但我深知，繁荣景象背后必然潜藏危机：传统模式下，师资人员的局限、场地环境的局限、教学手段的局限，尤其是课程品质的局限，都制约着未来的发展，我们无法将创始团队的教学理念与实践方法扩展分享，无法成就一个能在时间卷轴上留下痕迹的企业。

于是，2012年，我们毅然转型做互联网教育，创立自有品牌超级课堂并进行自主研发，打造了全国首家中小学大片式网络互动学习平台。

我认为互联网教育更关注的是课程质量，而非老师数量，我们可以把更多的时间和财力、物力下沉到打磨优质的课程上，让优质的老师能够心无旁骛地专注打造优质课程；再利用互联网将优质的教育资源标准化复制

超级课堂网站首页

到全国各地。

创业是十年磨一剑的过程，教育行业尤其是个"慢"行业，但我认为我们的转型还是非常成功的。相比很多机构，我们更早踏进了这个领域。随着时间的推移，超级课堂在多次迭代中逐步积累完善，为客户创造了远远超过其预期的产品价值，这是我们在近十年的产品竞争过程中立于不败之地的原因。如今，超级课堂的注册用户超 800 万，注册教师 10 万；2020 年的目标是新增 300 万用户。

动画设计师在进行课程素材手绘

高峰：超级课堂的社会价值和经济价值是如何体现的？

杨明泰：我们花费近十年时间研究如何将动画技术运用于中小学课程教学，积累了丰富的经验，培养了数十位核心骨干人才，优化了细节分工流程，保证让专业的人做专业的事情，将每个人的核心潜力最大限度地激发出来。

我们制作的动画视频课程细节丰富，素材生动，画面有设计感，语言简练，能将中小学课程内容简洁、高效、充满趣味地表现出来，不仅能帮助学生快速提分，更能激发学生的学习兴趣。

我们专注于提供以高品质动画视频课程为核心的智慧学习解决方案，

希望打造一款具有普惠性质、低成本的学习产品，实现"无论贫富，让每个孩子都能得到最好的教育"的企业愿景。我们投入数亿元资金研发的课程有很大一部分是完全免费的，在全面推广后，小初高全科课程的定价不会超过1000元，使没有进入重点学校的孩子也有机会接触到最好的教育资源，使普通的孩子也能毫无压力地学习优质课程。

超级课堂"点灯计划"

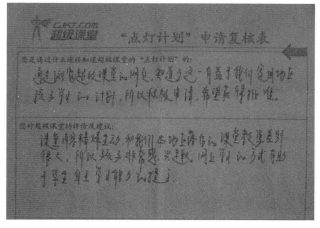

超级课堂"点灯计划"申请复核表

出于社会责任感，对于贫困、不发达地区的家庭，我们的课程可以完全免费提供。我们自创业之初就设有"点灯计划"，只要是年收入在 3 万元以下的家庭的孩子，都能免费享受我们为期 12 年的课程服务。疫情期间，我们总共新增 100 多万注册用户，这些用户在疫情期间的学习是完全免费的。

我国的教育资源分布不均，稀缺的优质教育资源与人民日益增长的需求之间的矛盾较为突出。中华民族要实现伟大的复兴关键在于人才，培养人才的关键在于教育。任正非曾说：中国将来和美国竞赛，唯有提高教育水平，没有其他路。

传统的线下教育不但投入大，而且无法彻底解决资源不均衡的问题。互联网教育的出现使教育均衡化、普惠化成为可能。我们集合充满智慧、经验丰富的老师，天才的设计师，投入巨资，精心打造动画视频课程，让全国各地的学生都能低成本、无差别地接受优质的教育。

高峰：你怎么看待当下的线上教育市场？超级课堂未来的发展方向是什么？

杨明泰：在互联网已经完全融入日常生活的今天，线上教育原本就是大势所趋。而此次新冠肺炎疫情又极大地促进了在线教育的发展，几乎所有的孩子和家长都体验到了在线教育带来的便利。

即使全国各地逐步开学，学生们回归学校，也已经有相当一部分孩子和家长感受到了线上教育的独特魅力，除价格便宜之外，学习也更方便。孩子可以在任何时间、任何地点，从任何章节开始学习任何课程。对于重难点内容，孩子们可以通过反复学习、反复思考加深理解。孩子们甚至还有对线上教育进行品鉴对比的机会。

相比之下，受场地及费用的影响，线下教育老师的质量会打折扣。而且在孩子学习期间，家长要花大量的时间陪伴、接送，时间和精力成本很大。

当然，我并不是说线上教育以后一定会成为主流，在疫情中，大家是基于为防范疫情采取的政府管理、社区管理模式而被动选择线上教育。线上教育能够留住多少其间产生的新用户，能否将这一波机遇转化成可持续发展的动力，归根结底还是取决于线上教育的教学质量。

超级课堂一直以来坚持的就是深耕教学质量。我们有全国近百名一线名师参与，特别设计有精准匹配视频教学的课后练习，帮助学生做到有的放矢，在学的基础上全面理解，彻底消化。相比市面上绝大多数线上教育产品，超级课堂已经相当成熟了。但是，追求更好的教育，我们永远在路上。我们为每一个孩子着想，希望用更好的教育资源指引他们走向成功。创新与突破，是未来超级课堂发展的第一动力。

高峰：超级课堂一直致力于开发大片式教学课程，这和其他线上教育产品相比有什么不同？

杨明泰：有别于传统、枯燥、死板的录播式视频课程，超级课堂的教学视频要求情节饱满、语言活泼、画面精致，力求让创新性的知识讲述、艺术般的画面体验和严密性的知识传递水乳交融，让知识的吸收变得高效且系统。

所有视频课程以电影工业模式的要求对学科内容进行"量子级"拆分，每个课程均严格按照剧本写作—执导拍摄—后期制作—视频审核的流程，做到人员的专业化和细节化分工，严格贯彻"专业的人做专业的事情"的核心研发思路，紧跟核心知识点，以清晰的知识结构，配合声光影盛宴，直击重心，高效传递知识。

秉承"兴趣产生时，教育自然开始"的教学理念，产品涵盖 K12 阶段多学段、多科目内容，结合学生学习需求，将知识内容与最新动画科技手段紧密结合，精心打造出寓教于乐、浅显易懂的课程视频，让孩子耳目一新的同时，充分调动孩子的学习积极性。在众多互联网学习产品中，超级课堂做到了让孩子主动选择、坚持学习。

超级课堂视频课程截图

在 2020 年 5 月 14 日的教育部新闻发布会上，教育部高等教育司司长吴岩说道："我们再也不可能、也不应该退回到疫情发生之前的教与学状态，因为融合了'互联网＋''智能＋'技术的在线教学已经成为中国高等教育和世界高等教育的重要发展方向。"

超级课堂一直着手将信息技术与教育深度融合，致力于研发更具趣味性和人性化的教育系统，旨在通过"AI＋动画大片"，实现教育、科技、艺术的跨界融合，打造"学练测"三位一体的全新智能化学习平台，用设计改变教育，借助互联网与所有热爱知识的孩子和老师们分享优质的课程内容，提升学习效率与学习品质。

超级课堂 AI 测评系统

高峰：在未来线上教育的时代，超级课堂打算发挥什么作用？

杨明泰：党的十九大作出"中国特色社会主义进入新时代"的重大判断，开启了加快教育现代化、建设教育强国的新征程。新时代赋予教育信息化的新使命，也必然带动教育信息化从1.0时代进入2.0时代。为引领推动教育信息化转型升级，教育信息化2.0行动计划出台。

在此背景下，超级课堂的教学模式应运而生。以人工智能、大数据、多媒体等新兴技术为基础，实现数字资源、优秀师资、教育数据、信息红利的有效共享，助力教育服务供给模式升级，促进优秀师资、学科、动画技术的良性互动，实现大平台、大学科整体布局，协同发展。

超级课堂此后还会继续加大研发力度，不断将信息技术和教育深度结合，探索更好的方案。在"互联网＋"的时代，为推动教育信息化升级和实现国家"云教育"模式尽一份力。

◆ **高峰手记：**

十多年来，在线教育领域倒下了一家又一家企业，新生企业如雨后春笋一般层出不穷，杨明泰咬紧牙关，顺境也好，逆境也罢，一步一个脚印，从线下到线上，不声张，不轻狂，在教育的海洋里深潜，静心钻研。超级课堂的出现，无疑是对传统教育的重要突破，有望打破中国教育资源地域分布不均衡的现状。坚守高品质内容，用初心打造有壁垒的AI学习平台，超级课堂正行进在路上。

冯大为：
让优质教育资源
像阳光一样普照大地

冯大为，北京江河汇流教育科技有限公司暨鲸溪网校创始人、CEO。

浙江大学竺可桢学院计算机科学与技术学士，美国杜克大学MBA。历任新东方教育科技集团名师、苏州新东方学校校长、重庆新东方学校校长、集团总裁助理、副总裁、双师课堂CEO等职务，曾获新东方二十周年功勋人物等荣誉。从事教育行业15年。

北京江河汇流教育科技有限公司暨鲸溪网校成立于2019年3月，先后获得险峰长青、唯猎资本、高樟资本、华旦天使等投资机构的两轮融资。公司通过在线直播的方式提供中小学全科目学习辅导的精品教学内容，打造全新的中小学在线教育平台。公司以丰富的课程体系、顶尖的师资团队、先进的教研课件和完善的课后服务为特色，通过线上线下结合的多元获客方式，努力为全国各地中小学生提供便捷高效、高性价比的课外学习选择。自成立以来，公司已累计服务学员十余万人次。

高峰：你在新东方这么多年，也做到了集团副总裁，辞职创业主要是基于什么考虑？

冯大为：我从浙大一毕业就加入了新东方，除去在美国读书的两年外，在新东方累计工作了13年。这些年来，眼见全国的教育培训行业越做越大，覆盖面越来越广，但优质教育资源仍主要集中在一二线城市，四五线城市的孩子接触优质教育内容的机会依然很少，更不用说广大农村和偏远山区了。2017年9月，我作为新东方双师课堂CEO，带队到四川康定、泸定、木里、盐边，河北广宗，湖北浠水、长阳，贵州兴义面向当地高三年级开展公益支教，受惠的学生在2018年高考中取得了不错的成绩。短短不到两个学期的教学助力就让同学们取得了这么大的收获，我深感我国教育资源分布的不均衡带来的严重后果。我心想，如果四五线城市的孩子从小学、初中就能够接触一线城市的优质教育资源，岂不更好？若自己有一天能出来做点事的话，应该往这个方向努力。要想更好地锻炼自己，更好地实现自己的想法，还是得从大公司出来闯一闯，否则总感觉人生不够完整。

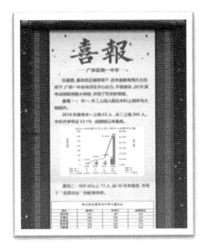

支教地广宗县第一中学的高考喜报

支教地兴义市第三中学和泸定中学的高考喜报

高峰：初次创业为什么选择 K12 在线教育？这可是在"红海""拼杀"了。

冯大为：在线教育是这几年才兴起的，这是"互联网＋教育"的新型教育培训形式。比起线下教育培训，这种新的教育培训形式在国内的发展更不均衡。全国有 1 亿～2 亿中小学生，在新冠肺炎疫情暴发之前，接受这种线上课外教育培训的学生相当有限，大部分学生还是以参加线下教育培训为主。毫无疑问，这次疫情给在线教育带来了难得的发展机遇。近几个月，全国各地的中小学都不同程度地开设了各种类型的线上班课，这一新形势为从未接受过在线教育的广大中小学生接触并适应线上教育培训打下了一定的基础，也为优质教育资源向全国各地拓展创造了条件，但同时，也需要更多的公司投身其中，强力推动。我认为，在线教育这条赛道远远没有饱和，还有很多没有机会接触优质教育资源的中小学生正在渴望我们发挥作用。尽管这条赛道上已经汇集了一些巨头大咖，竞争比较激烈，但

冯大为（左五）带队公益支教

投身的机构和品牌越多，越能给学生及其家长提供更多的差异化选择，并促进各机构提高教学质量和服务水平。我们鲸溪网校虽然起步较晚，但起点不低，只要精耕细作、求新求变，坚持数年，相信能在这个领域做成一些有意义的事。

高峰：创业一年多了，你有何感受？

冯大为：这一年多来，没有大公司作依托，我真正体会到创业艰辛，甘苦自知。回过头来看，创业之前和初始阶段，支持我一路走来的，主要有以下五点：一是有较充分的准备，包括身体、思想和一定的物质准备，否则会在意想不到的困难面前身心俱疲；二是多年来诚信、务实、进取的行事风格，坚持对客户、员工和社会负责，积淀了自己在业界的口碑，帮助我赢得各方面的信任；三是选用和打造志同道合的团队，特别是邀请到从价值观到方法论都能同频共振的合伙人；四是密切关注客观形势，不断改进工作方法，未雨绸缪，沉着应对，冷静乐观；五是善于沟通，得到家人对自己创业过程中每一个重要决策的理解和支持。

高峰：公司成立一年多来还顺利吗？

冯大为：说实话，一个初创公司要实现从 0 到 1 是最难的，我们特别感恩投资人对我们的充分信任和鼎力支持，否则我们不可能迈出创业的第一步。在创投环境不理想的大背景下，我们不仅活了下来，而且越战越勇。疫情肆虐，在各行业均遇到较大困难的情况下，鲸溪网校一天也没有停课。春节假期还没结束，骨干名师和核心团队成员就投入工作，及时推出了春季公益课程，惠及数万中小学生，进一步提升了鲸溪网校的社会认可度，体现了特殊时期社会效益高于经济效益的公司理念。同时，我们在一年多来的摸爬滚打中，探索出了初创公司的生存方式和发展模式。特别是在疫情防控常态化的形势下，鲸溪网校开始了短视频平台获客的新尝试，创作了高质量的教学和家庭教育短视频，其中单条视频最高播放量近 400 万次；我们还快速建立了鲸溪短视频号矩阵，抓住快手"在家学习"频道的流量入口，开播小学、初中的语、数、英全科目课程，积累了大量粉丝。这些新尝试，为公司日后的获客做了重要的铺垫。

高峰：你觉得在线教育培训行业的市场前景如何？

冯大为：这次疫情特别是疫情防控形势的常态化，相当于行业催化剂。在线下教育被迫停课的背景下，线上课程得到了空前重视，改变了学校、家长和学生对在线教育的认知，也必将带来中长期流量的持续增长。在线教育机构纷纷提供免费课程，也获得了官方渠道的支持。在线上学生数量爆发式增长的情况下，在线大班渗透率快速提升，仅寒假期间的某单日免费同步课程就累计有 3677 万人次观看。市场容量的急剧增长和教育培训巨头有限的市场占有率（CR4 在 5％以下）形成了鲜明的反差，而且教育培训行业不存在网络效应，难以实现寡头垄断和赢家通吃的局面。三线及以下城市的教育培训市场机会巨大，在具备足够体量的城市，通过本地化（内容本地化、营销本地化和服务本地化）打法试点，实现与竞品的差异化竞争，可以快速占领市场份额，使未来向周边地区扩张品牌势能成为可能。

现已进入移动互联网时代，媒体内容正在从图文向短视频转型。快手作为短视频平台的领跑者，截至 2020 年年初，日活用户已突破 3 亿，春节前后更是以 66.6 亿的巨大流量扶持教育类账号"冷启动"，已吸引 200 多家教育培训企业入驻，教育类短视频日均播放量达 22 亿次，付费学员 160 万以上，涵盖了 K12、职业教育、素质教育等领域。这也造就了在线教育培训行业快速发展的重大机遇，教育类创业公司在"短视频＋教育"这一蓝海市场的发展前景是非常具有想象空间的。

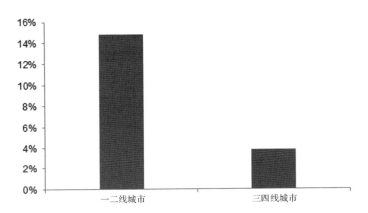

在线大班课市场渗透率（数据来源：东方证券研究所）

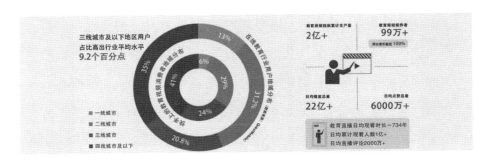

快手短视频平台在线教育报告

高峰：你对公司未来的发展战略有何考虑？

冯大为：作为一家教育创业公司，在确保教学质量和用户体验的前提下，必须适应市场变化，发挥自身的差异化优势，争取低成本获客，提升运营效率，这是创业公司生存和发展的王道。为此，我们下一步准备在两个方面加大力度。

一方面，继续加快发展快手等短视频平台业务，构建短视频号矩阵，打造鲸溪网校名师IP，建立私域流量池，进一步开拓将粉丝转化为付费用户的方式；同时，打造"网红"名师，建立名师合伙人机制，改变生产关系，争取在招生获客方面早日实现良性循环和突破式增长。

另一方面，我们的"名师直播精品课"采取"深耕浙江，辐射全国"的战略，在价格和内容方面建立相对于其他线上和线下竞品的优势。我们拟以杭州为运营总部，与各地经销商合作，进入浙江省内更多地级市，通过强大的师资和本地化教研实力在当地建立口碑，成为区域化能力最强的网校，并以上述城市为中心，向周边县级市场和乡镇市场辐射。

◆ 高峰手记：

一家刚成立一年多的教育科技公司，已在教育培训领域的激烈竞争中探索出适应市场变化的多种打法，展现出勃勃生机。相信冯大为这个从新东方离职创业的竺院学子，能够携"浙大系"的创业基因和行业巨头的经验，带领鲸溪网校这只"幼鲸"冲出江河，奔腾入海。

易昊翔:
全脑智能,
温暖人类生活

易昊翔，杭州回车电子科技有限公司创始人、董事长兼 CEO。

毕业于浙江大学生物医学工程与仪器科学学院。2012 年，易昊翔赴美国加利福尼亚大学戴维斯分校首次接触并参与脑机接口科研项目，获得导师高度认可，获推留美深造。自此他便与脑机接口这一前沿技术结下了不解之缘。

2013 年，在浙江大学就读期间，易昊翔带领项目组成员一同研发了商业化脑电波采集技术并拓展商业推广渠道，成功打开科技馆市场。该项目一经推出就引起广泛关注，在易昊翔毕业前已获得中国国家科技馆、浙江省科技馆等数十家单位的订单。

2014 年易昊翔毕业，生物医学工程专业世界排名第一的美国约翰·霍普金斯大学向易昊翔发出博士邀请，经过一番艰难抉择，易昊翔最终决定放弃橄榄枝，投身创业，和团队伙伴一同创立了杭州回车电子科技有限公司，瞄准人工智能领域中处于国际前沿的脑科学研究方向，致力于让全脑智能科技温暖人类的生活。

杭州回车电子科技有限公司（以下简称回车科技）成立于 2014 年 4 月 22 日，是中国顶尖的消费级脑机接口应用公司。回车科技以脑电为基础，结合心率、皮肤电导率、眼电等多维生理信号进行传感信号的采集、数据分析和场景应用。在教育、睡眠、心理健康、智慧交通、安全生产、广告娱乐等多个领域与 AR、VR、可穿戴设备等智能终端结合，创造了新的应用场景。

回车科技刚刚成立就获得百万元的天使轮投资，2015年7月又获得天使投资人数百万元的追投，2019年8月再获千万级的投资。目前公司市值已过2亿元，拥有巨大的发展潜力。

回车科技创立之初便拿下2013"英特尔—清华"全国大学生创新创业营暨2013英特尔全球挑战赛中国区特等奖，并赴美国硅谷参加全球总决赛，获全球10强；2018年入选浙江省"最具成长性科技型百强企业"和"国家科技型中小企业"；2019年荣获第五届中国"互联网＋"大学生创新创业大赛亚军、最佳创意奖，团队受到孙春兰副总理亲切接见；同年，回车科技获评"国家高新技术企业"。

回车科技作为一家以年轻的"90后"成员为主的创业公司，目前拥有员工30余人，团队成员来自浙江大学、清华大学等高校及相关实验室，掌握着中国消费级脑电领域先进的科学技术，在情感计算领域拥有核心技术优势。回车科技旗下的"回车"品牌旨在向大众传达"智能，温暖你的生活"的理念，发展势头迅猛。回车科技将以强大的技术实力和独特的战略眼光不断深耕，逐步成为中国脑机接口行业的领航者，预计未来3年营收超过1亿元，并启动科创板上市计划。

高峰：能否介绍一下你是怎么关注到脑电领域，并选择在此扎根创业的？

易昊翔：我留意到脑电技术是在我大三那年。我偶然间看到浙大校内十大科技成果展示，其中一项是将芯片植入一只小白鼠的脑部，通过控制它的大脑让它按照指令行动，当时我就觉得这太酷了。就是这次成果展示，让我感受到科技的奥妙，促使我认定脑电是我要毕生追求的事业。

之后经过一段时间的研究，我发现国内脑电技术在商业上的应用几乎是一片空白，除了在医疗领域有应用于大型的脑电设备，在消费品上并没有落地的项目。相比之下，美国在这方面走在了前列，比如特斯拉的 CEO 埃隆·马斯克已经创办了一家公司，叫作 Neuro-Link，专注脑机接口领域；FaceBook 也发布了脑机接口概念产品，用来做"意念打字"。此外，包括美国和欧盟各国在内的许多国家都已经有或者正在筹备自己的"脑计划"，准备投入重金来发展脑科学的各个领域。而我们参与其中，就是在布局未来。

我意识到机会就在眼前。脑电技术现在正处于发展初期，商业价值初步显现，此事大有可为；同时还能填补国家在此领域的空白——脑机接口的商业化。埃隆·马斯克、FaceBook 能做的，我们中国的企业同样能做。创业成功的方毅师兄觉得我们的项目很有前途，鼓励我创业，还成了我的天使投资人。于是，我们通过益智玩具"意念赛车"成功切入脑电市场，赚得了第一桶金，获得了市场的认可，使我最终坚定了自己创业的想法，并一直走到今天。

高峰：回顾从前，你如何看待自己的创业经历？

易昊翔：其实我们刚开始选择创业，纯粹出于工科生对技术的热爱，以及大学生的家国情怀，根本没有考虑产品有没有市场需求，商业逻辑是否成立，公司该怎么经营。后来我们逐渐认识到，一家公司必须同时创造商业价值与社会价值，否则就没有存在的意义，而这个认识的转变过程可能是大学生创业难以避免的。创业免不了走弯路，但重要的是摔倒了之后咬咬牙再爬起来，第二天又能以饱满的状态投入到自己喜欢的事业中去。创业就是这样一个快速学习、快速成长的过程。

益智玩具：意念赛车

高峰：回车科技是如何体现其社会价值和经济价值的？

易昊翔：美国的神念科技（NeuroSky）是世界上第一家把脑电波技术商业化的公司，在全球市场上有非常高的占有率。现在在我们涉足的脑电波模块领域，我们已经可以和神念科技在精度、功耗、成本、体积等方面进行正面竞争，并且已经有三家神念科技的老用户成为我们的用户。我们正在更多领域赶上甚至超过国外友商的水平。

在商业方面，我们已有6款产品成功实现商业化，除了意念赛车、易休智能眼罩和FlowTime冥想头环之外，还有水滴专注力课程包、疲劳监测头盔等。此外，我们已经成功搭建了"回车情感云"情感计算云平台，将以脑电为基础，结合心率、皮肤导电率等多维生理信号的传感，实现对人体健康的监测和对专注度、疲劳度、情绪情感等状态的识别，这些数据的应用将对人类未来的衣食住行产生巨大的积极作用。回车科技将联手国内外友商，积极布局新产业，搭建新场景，真正为人类的生活发展贡献一份力量。

同时，我们在核心技术上投入了大量资金，做了许多突破别人"卡脖子"的研发。我们已经实现了脑电芯片的国产化，研发出中国第一颗国产的脑电芯片。这是为了增强我们的核心竞争力，也是响应国家的战略导向。面对外部环境的封锁，只有自立自足，才能在全球市场中站稳脚跟。

高峰：你对目前的市场怎么看？对回车科技的未来有什么规划？

易昊翔：现阶段无论国内还是国外，脑电市场都处于起步阶段，实现商业化落地的产品并不多，但是需求存在，潜力与机会都很大。因此，我们采取三步走的策略。

第一步是以合作的方式，把新的伙伴引进来，和国内其他企业合作，一起做大市场。通过整合不同企业的优势资源，实现错位竞争，这样我们会获得更多的资源，同时能吸引更多的目光关注脑电领域，促进国内脑电市场的进步。这是我们在把控市场大方向上的想法。

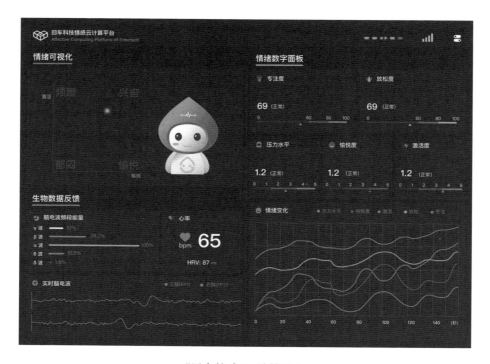

"回车情感云"计算平台

第二步是建立自己的品牌。我希望有一天，其他企业或用户在看到优秀的脑电产品时，首先想到的就是回车科技；或者在寻求脑电领域的合作时，最优先考虑的是回车科技。

第三步是多方布局。目前我们已经在智能健康、益智娱乐和安全监控等领域逐步实现商业化，每一个领域都对应了上百亿元的潜在市场规模，我们希望以此把握未来。

高峰:你对脑电这个市场的未来发展怎么看？2020年新冠肺炎疫情对市场发展有什么影响？

易昊翔:大脑是人体最复杂的器官,人类现在对大脑的认知可能只有1%。脑电这个领域代表着人类的未来,是我们要奋斗终身的事业。同时,脑电是一个非常有潜力的市场,如我之前所说,我们已经在各个百亿级市场里逐步落子。而且,脑科学是我们国家的重点科研领域,可以预见,将来会有更多的国家资源向脑科学领域倾斜。我们要做的就是立足于我们的技术,开拓全球市场,奠定中国在这一领域的领先地位。

关于新冠肺炎疫情对我们和市场的影响,主要分两部分来看。往小了看,当人们被要求居家隔离时,情绪会变得焦虑,而我们的产品恰好有引导用户平静心灵的功能,可见有很可观的潜在需求。往大了看,市场会受疫情影响而在一段时间内呈萎缩状态,但是整体大方向不会变。发展也许会迟到,但永远不会缺席,我对未来信心满满。

高峰:要成功创业,一支充满活力的优秀团队是必不可少的。回车科技是如何黏合、管理这支年轻的团队的？

易昊翔:我是工科背景,一开始并不擅长人事管理。不过我的团队成员和我一样,大多是"90后"年轻人,所以比较能够互相理解。将心比心,我想他们和我一样,都非常希望自己能和公司一起实现快速成长,能够获得公司给自己的帮助和回报。

我尤其喜欢领英(LinkedIn)的CEO里德·霍夫曼在《联盟》(*The Alliance*)一书中传递的理念。在公司初创阶段,老板和员工应该是联盟的关系。在公司中,我会跟每一个部门领导开诚布公地谈,关注他们需要什么、想要收获什么,而我也会告诉他们,公司希望他们贡献什么,然后一起制定阶段性目标。公司支持员工在阶段内学习所需技术,也能从这个过程中受益,这就是团队最好的状态。

　　我非常相信我们团队的力量，可以说，我们拥有一批在脑电领域国内顶尖的"90后"工程师，他们年轻、有活力，有干劲、有想法，有追求、有情怀。我们在一起打拼，时时刻刻充满着热情与朝气。

　　高峰：回车科技未来将如何在更大的领域发挥作用？

　　易昊翔：脑电是一个具有无限可能的领域，往远了看，一旦在脑电技术的基础上实现了沉浸式虚拟现实技术，就像斯皮尔伯格的电影《头号玩家》那样，我们将创造一个全新的虚拟世界，那将会是在信息革命基础上的又一次伟大的进步。回车科技将一直探寻求索，永不止步。此外，我感受到来自社会各界、多方联动的支持，既包括国家及省市区层面的鼓励支持，母校浙江大学为我们创造的平台；也包括校友层面，我的师兄方毅（每日互动创始人）等一大批创业先行者对我们的指点带教。有这么多人关注我们、相信我们、支持我们，我相信回车科技一定会不负众望，在行业内杀出重围，独树一帜。

◆ **高峰手记：**

虽然回车科技仅用短短几年时间就占据了国内消费级脑电领域的领先地位，但易昊翔坦言，他更希望参与国际市场上的竞争。当初，就读于浙江大学的易昊翔和他的"学霸"同学们还在为获得第一个浙江省科技馆的订单而欣喜若狂，而如今坐在我对面的易昊翔已经成长为一个思维缜密、具备极高市场敏感度和企业领导力的新型管理者，他所从事的行业也要求他必须具有国际化的战略眼光和捕捉市场需求、填补市场空白的敏锐感知。

作为国内唯一一家集硬件、软件、算法于一身的消费级脑机接口公司，回车科技在脑电领域拥有核心技术优势，紧跟国家战略的同时在各个行业布局未来，以求实现全面发展。祝福回车科技早日实现梦想。

樊钰：
以零编程3D视觉打造
善解人意的智能工业机器人

　　樊钰，迁移科技创始人、董事长兼 CEO，回车科技联合创始人。

　　2014 年毕业于浙江大学电子信息技术及仪器专业（大学期间参与创立回车科技），同年进入北京跟踪与通信技术研究所就读研究生并参军入伍；2017 年 1 月进入北京空间信息中继传输技术研究中心工作，获上尉军衔；2018 年复员，创立人工智能企业迁移科技。

　　迁移科技成立于 2017 年 12 月底，公司成立之初便把技术方向确定为机器视觉，通过不断探索，最终将业务方向聚焦于 3D 视觉。公司的核心产品为 3D 视觉引导机械臂抓取系统，致力于通过高精度的 3D 相机和操作简易的软件降低搭建 3D 视觉引导机械臂任务的门槛。通过"零编程"的 3D 视觉系统，打造"善解人意"的智能工业机器人。迁移科技 2019 年 4 月被评为"中关村高新技术企业"，10 月获得银杏谷资本和华旦天使的 1300 万元天使轮融资。

高峰：作为一个连续创业者，你当初为何创立迁移科技？

樊钰：我喜欢技术，更喜欢通过技术创造价值。本科期间做脑电的科研项目时，我获得了不少科技类比赛和创业类比赛的奖项。2014年谷歌眼镜的发布在全世界范围内掀起了可穿戴设备的热潮，我就因势创办了从事消费级脑电波采集和应用的回车科技。在回车科技完成产品的原型开发并获得200万元的天使融资之后，因为是国防生，我不得不放弃创业，前往北京参军入伍，并开始攻读研究生。2018年我从部队复员，当时在我看来，未来十年最能为社会创造价值的技术就是人工智能，而人工智能领域内应用更广泛的技术就是我最熟悉和擅长的机器视觉。因此，我们就选择在机器视觉领域创业，公司名称"迁移科技"则来自人工智能领域的"迁移学习"。

高峰：介绍一下迁移科技吧。

樊钰：迁移科技目前主要从事基于3D视觉的机械臂引导的技术创新和产品研发，应用场景主要有无序分拣、拆垛码垛、装配、涂胶和焊接等。

经过前期的广泛调研，我们发现，长三角区域大多数生存状况较好的制造业企业都已经实现了一定程度的自动化，但在无序分拣、拆垛码垛等环节仍只能依靠人工，需要通过技术含量更高、更强大的智能工业机器人产品实现生产线的智能化升级。相较于传统的自动化设备，智能制造的"最后 1 公里"需要智能工业机器人来打通，即基于 3D 视觉的机械臂引导技术。

智能工业机器人主要是为传统的工业机器人加上了眼睛（3D 视觉系统）和大脑（智能处理系统）。3D 视觉系统可以获取环境中的 RGB（色彩标准）信息和点云信息，而智能处理系统通过人工智能算法可以对目标物体的位置和姿态进行识别，再通过机械臂的运动规划和避障算法引导机械臂进行智能操作。

应用智能工业机器人，可以将工人从恶劣的工作环境、繁重的体力劳动

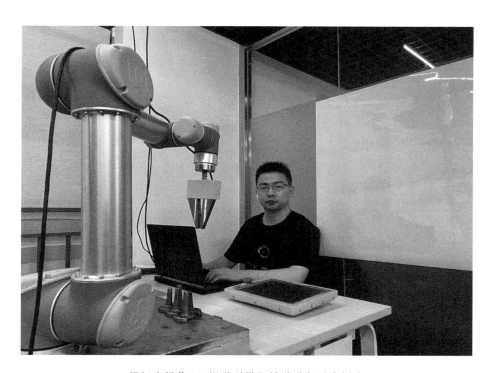

樊钰在操作 3D 视觉引导机械臂进行无序抓取

中解放出来，帮助企业进一步提升工业自动化水平，解决招工难问题，提高生产效率，提升企业的产值和效益。

基于3D视觉的机械臂引导是智能制造中非常关键的一个环节，也是我们开启工业智能的基础。在此之上，未来还可以进一步植入基于3D视觉的缺陷检测、尺寸测量等功能，真正构建一个具备核心竞争壁垒的智能工业生态体系。

高峰：可否谈谈你对企业现状和市场现状的思考？

樊钰：由于中国社会人口红利正在逐渐消失，企业劳动力成本提升，招工难问题凸显，制造业企业对"机器换人"的需求日趋迫切。大多数制造业企业已经通过自动化改造尝到了不少甜头，在技术成熟且稳定的时候进行智能化改造也成了制造业企业的共识。

然而，鉴于当前3D视觉技术和人工智能技术还处于发展中，在与制造业企业进行需求适配的过程中，自动化技术还达不到100%的准确率，国内也一直尚未出现足够优秀的产品，因此这块市场的需求很大，甚至可以说尚未被真正开垦。对于近两年创立、致力于解决制造业企业自动化升级痛点的迁移科技而言，这正是时代给予的一个非常巨大的市场机会。

2020年新冠肺炎疫情肆虐全球，人员较多的工业企业担心人员聚集会引发疫情传播，迟迟无法开工。从我们与许多制造业企业负责人的对接情况来看，从某种程度上讲，疫情也让企业主进一步意识到了"机器换人"的价值，推动了这一市场机会的进一步发酵。

我国实施制造强国战略第一个十年的行动纲领《中国制造2025》中提到"紧扣关键工序智能化、关键岗位机器人替代"；为认真贯彻党中央、国务院关于加快制造强国建设的决策部署，深入实施长三角一体化发展国家战略，浙江杭州等地也推出了《关于实施"新制造业计划"推进高质量发展的若干意见》。当前，中国制造业企业正处于工业2.0向工业3.0的过渡中，未来的

智能工业机器人在功能上弥补了传统工业机器人的缺陷

| 传统工业机器人 | 智能工业机器人 |

❌ 重复性　　　　✅ 机动性
❌ 目标位姿简单　✅ 目标位置散乱、姿态各异
❌ 固定轨迹动作　✅ 智能规划最优轨迹动作

智能工业机器人＝传统工业机器人＋眼睛＋大脑

传统工业机器人和智能工业机器人的区别

智能工业机器人能够在大量场景替代人力完成工作

\金属零件厂　　　\水泥厂　　　　\冶炼厂　　　　　\家电厂
繁重的体力劳动　**恶劣的工作环境**　**危险的人工操作**　**持久的工作时间**

智能工业机器人的价值

工业 4.0 的重点就是智能工业机器人。我们的创业瞄准了中国制造业企业的刚需，符合工业发展的历史趋势，希望可以为实现制造强国的战略目标、推进高质量发展贡献绵薄之力。

高峰：你们几位创业合伙人之间是怎么认识的？为什么会在一起创业？

樊钰：迁移科技的创业合伙人主要是我的本科同学和研究生同学。他们对我的做事风格比较认可，对我本人比较信任；我们创业的出发点是围绕一件有益于社会进步、提升中国制造业实力的事情，且它有远大的前景。在确定创业的想法后，我开始寻找技术、市场和运营的合伙人，我熟悉的同学里技术能力强、市场能力强和运营能力强的都积极加入了，我们很快便组成了一支有目标、有干劲、能吃苦、重协作的团队。

樊钰（左六）与同事们在公司团建

高峰：迁移科技早期的创业资金是从哪里来的？

樊钰：我基本上算是白手起家，只花了 3000 元注册公司，注册地址是朋友大力支持免费提供的。因为我们本身都是做机器视觉技术的，技术基础比较强，学历背景都不错，有干劲、有活力，所以可以比较轻松地接到一些企业的人工智能开发项目。在公司规模发展到十几个人之前，基本上都处于微盈利的状态。

我一直很清楚，这样的技术服务模式虽然可以生存下去并持续赚钱，但没有更大的前景和未来。于是我们基于团队做得比较好的机器视觉算法和项目，结合企业的实际需求，开始研发适配更大市场的智能工业机器人产品。而产品研发是"烧钱"的，我们意识到，为了锻造出经得起市场检验的好产品，我们需要更大的资金支持，于是开始抓紧融资。

高峰：为什么迁移科技没有在初创时就融资？

樊钰：融资需要技术积累，也需要有清晰的商业模式。而我们这一群人几乎是刚毕业就创业，缺乏相关的行业经验，只是凭直觉认为人工智能技术很好，但是到底用在哪里最有价值，我们并不清楚，也就不敢轻易地选择一个方向 all in（押上全部）。

创业初期，我们从人工智能技术服务开始做起，一方面解决了资金问题，另一方面对市场、行业有了深入的了解和分析。

我们用了一年多的时间做市场、技术和行业分析，当锁定了可以扩大规模规划长远发展的领域后，我们就抓紧进行了产品研发并比较快地敲定了融资。

高峰：你们现在的创业赛道有什么特点？

樊钰：我认为有三个显著的特点。一是技术复杂。一个完整的 3D 视觉机械臂引导系统涉及摄影测量技术、3D 视觉算法、机器人运动规划避障和硬件加速技术，有一定的技术壁垒，但也因此形成了我们的"护城河"。二是落地要求高。工业应用如果达不到足够高的精度，就解决不了工业现场"机器换人"的核心需求，还会造成不可逆的硬件损坏。三是落地慢。由于自动化升级往往影响企业的既有生产，所以企业主比较谨慎，对一些比较新的技术保持观望态度，不愿意尝新，只有当看到极其相似的成功案例时才会愿意买单。这就对创业团队提出了较高的要求，需要团队拥有既具深度又具广度的技术，还得耐得住寂寞，有耐心培育市场，愿意潜移默化地影响企业主，带领他们一起"进化"。这条路虽然艰辛，但无疑是大势所趋，有看得见的光明未来。

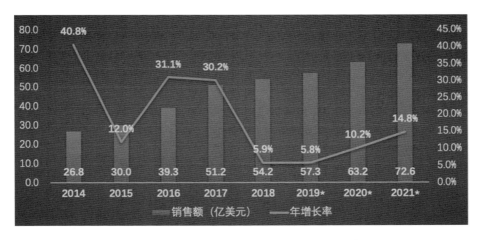

2014—2021 年中国工业机器人销售额及增长率

（资料来源：国际机器人联合会）

从中国工业机器人的销售额及增长率来看，智能工业机器人的市场前景非常广阔。相信我们一定可以紧跟新时代国家重大战略，抢抓新一轮科技革命和产业变革的机遇，坚定走高端化、智能化的制造业转型升级之路，在中国制造型企业的转型升级中发挥技术优势和产品优势，为我国迈向制造强国贡献一份科技力量。

◆ **高峰手记：**

在《中国制造 2025》行动纲领出台、人工智能技术快速向各行业渗透的时代背景下，我国迎来了制造业转型升级、产能提质增效的热潮，涌现了一大批服务于新型智能制造的科技型企业，而由"浙大系"成员领衔创办、汇聚众多年轻科技型人才的迁移科技正是其中的佼佼者。迁移科技将以领先的"零编程"3D 视觉技术，抢占行业技术和市场双高地，打造国内领先的智能工业机器人，助力我国新制造业加速腾飞。

陈文慧：
让更多的人参与运动，
感受运动带来的积极人生

陈文慧,杭州舒跑网络技术有限公司创始人、董事长兼CEO。

浙江大学教育学院毕业,竺可桢奖学金获得者,曾任浙江大学创业联盟主席。杭商全国理事会杭商公益联盟"她公益"联合发起人。拥有12年专业运动员训练经历,曾是国家注册田径运动员,多次在全省、全国青少年田径运动会上拿到金牌。

2014年李克强总理视察浙江大学时,陈文慧参加座谈;2019年,陈文慧在梦想小镇向李克强总理汇报创业发展情况,并和总理亲切合影。大学期间,陈文慧创办了杭州舒跑网络技术有限公司(以下简称舒跑),获得千万元融资,估值近亿元,旗下"跃动客体育"项目获得"体彩杯"浙江省大学生体育产业创新创业大赛金奖,被浙报传媒评为"浙江省最具品牌影响力教育培训机构",获得"浙江亲子新力量"评出的"最受投资者关注新锐品牌",以及"黄金时代2019(第五届)杭商领袖峰会"颁出的"最具影响力"奖。舒跑一直秉持"引领国人健康运动"的理念,旗下品牌除了跃动客体育,还有舒跑运动网课。

跃动客体育致力于线下体育场馆运营、品牌赛事运营和体育教育培训,主营项目有篮球、足球。目前在杭州共有超30个教学校区、近百所合作学校,被杭州市余杭区教育局列为官方校园足球合作单位,累计服务超过5万名学生,累计举办数百场赛事。项目团队以"让体育回归教育,用心陪伴孩子成长"为使命,坚持"客户第一，激情向上，因材施教，教学相长"的价值观，把体育的魅力传递给每一个孩子。

舒跑运动网课是在"健康中国"国家战略的号召下，秉承"让国人强健体魄、健康身心"的理念而研发的直播课程，产品分成人版和少儿版，采用直播授课的方式。项目团队成员由人体工程学专家、体育教育训练学博士组成，成员们深谙人体成长规律，以田径、球类、体操的训练方法为基础，结合教育心理学、运动心理学等学科开发课程，课程支持教练实时纠错、趣味上墙互动、课后无限回放等功能。四岁以上孩子和成年人，居家就能完成运动。

线下青少年体育培训

高峰：从一名专业体育运动员到浙大"学霸"，再到体育行业创业者，对这一路的转变，你有什么感受？

陈文慧：竺可桢老校长曾向浙大的学生提出两个问题：第一，到浙大来做什么？ 第二，将来毕业后要做什么样的人？ 当我步入浙大后，因为是运动员转型，第一个问题我想得非常明白：我希望能够在大学里丰富自己的学识，拓宽自己的眼界，以知识为基础，以专长过人。但是对于第二个问题，我也曾感觉迷茫，是在学习的过程中不断寻找到答案的。秉承着第一个问题的答案，我努力打破"运动员不会读书"的怪圈，多次取得专业第一的成绩，梦想着能够在学术的道路上勇往直前；我努力抓住各类工作实习和出国交流的机会，多次被评为优秀，希望能够在自己喜欢的位置上发光发热；我努力挤进各类"大神"出没和挑战性强的竞赛，多次获国家级奖项，期盼能够在专业领域"一战成名"。"努力"作为一个关键词，陪伴了我整个大学生涯。

大三那年，一位浙大老师对我说：人生有舍才有得，有广度更要有深度。我因此重新审视了自己：毕业后我到底要做什么？ 直到发生了一次很有趣的对话。那一年评选国家奖学金的时候，老师问我是如何做到学业、体育、竞赛、实践样样抓的，我的简历像四个人的简历。我抓着衣角朴实地回答："不要睡觉！"这件事情后来登上了浙大官网。

我开始意识到自己能够获得这些肯定，就是源于"努力"两个字，这个重要的品质是这么多年的体育训练带给我的，是在田径场上洒下的汗水，是日复一日对体能极限的挑战。我每天 5 点到自习室，上午上课，下午训练，晚上上完课再去自习，听着自习室关门的梁祝铃声，11 点左右回到房间。我感恩这么多年的运动生涯赋予我健康的体魄和坚毅的性格。一直以来，我想为社会做出自己的贡献，希望让更多的人参与运动，感受运动带来的积极人生。因为有过参加创业大赛的经验，在浙大创业导师们的指导下，我坚定不移地选择加入了创业大军。聚焦于这个目标，坚持用好场地、好教练、好课程改变行业乱象，用产品传播体育的魅力，这就是我选择创办这家公司的初衷和原动力。

高峰：体育运动如何帮助个人成长？

陈文慧：我们公司一直秉持"让每个孩子至少拥有一项相伴一生的体育运动"的理念，坚持让体育回归教育，这种价值观一直指导着我们的具体业务执行。

（1）技术让体育更美好，场地让体育更便捷，师资让体育更专业。

我们从智能硬件到智能化教具，从线下智慧场馆到专业师资培养，从标准化教材到多学科结合，从智能系统到管理考核，让体育与数据、教育、健康更紧密地结合，使锻炼者根据自身的能力、喜好等选择锻炼的方式方法，完成体育锻炼任务的同时增强个体的自信心和自我认知能力。

（2）体育锻炼结合休闲娱乐，体格与人格共同发展。

体育锻炼是个人德智体美全面发展的重要一环，也是公民培养中不可或缺的一部分。通过体育锻炼，可以提高全民身体素质，为社会的进步、国家的发展提供良好的基础。一般的休闲娱乐形式具有一定的间接性、倾向性，而体育锻炼是让锻炼者直接参与，帮助锻炼者调整自身的机能、形态及心理，实现真正的切身体验。

学生利用教具进行室内训练

舒跑以 K12 体育教育为切入口，研发教材，培养师资，坚持以性格塑造为课程特色，结合语文、科学、地理等多学科，以"安全第一，趣味授课，情景导入，健康身心，性格塑造，陪伴成长"为教学目标，致力于带给每个孩子"文明其精神，野蛮其体魄"的教育价值。

（3）推动行业健康发展，积极履行社会责任。

不论是"健康中国"战略还是"大众创业，万众创新"的号召，本着求是学子的家国情怀，舒跑一直努力践行创业的初心。体育本身是一门科学，除了外在的竞技、锻炼、休闲娱乐等表现形式，还有内在各个发展方向的理论精进与实践探索。目前,公司围绕体育科学展开了一系列研发,希望实现体育的数据化、结构化、标准化。

同时,作为一家极具社会责任感的公司,我们对推动体育相关人才回归社会和带动就业起到了积极的作用。教育行业具有劳动力密集的属性,公司仅教师团队已近百人。我们坚持为体育专业人才搭建平台,让他们能够通过自身的专业技能回馈社会。在这次疫情期间,大量线下教育培训机构陷入了困境,舒跑积极通过互联网等线上渠道进行转型升级,扛住了经营压力,不仅没有裁员,部分岗位还仍在招聘。另外,公司还设立专项师资培训经费,定期安排员工参加中国篮协和中国足协及各类体育机构的专业培训,提高从业教师的专业能力和教学水平。

高峰:体育创业的红利如何?

陈文慧:2014年国务院发布了《关于加快发展体育产业促进体育消费的若干意见》,提出到2025年体育产业总规模超5万亿元,人均体育场地面积达2平方米的发展目标。地方政府纷纷响应,按要求出台了实施意见。据统计,各省做出的2025年体育产业规划目标规模总和超过了7万亿元;从2014年开始推算,到2025年,我国的体育产业增加值将达到1.6万亿元。

体育产业作为"健康中国"的重要组成部分,随着国民收入的不断增加和健康意识的逐渐增强,发展前景不可估量。但是,巨大的市场空间之下,体育产业的规范化标准亟待确立。创业几年,我发现体育产业仍然存在以下问题。第一,行业标准不够清晰,无论是对体育场馆标准还是师资要求,都没有非常明确的界定。以师资为例,体育培训的老师是持行业协会的教练员证上岗还是持教师资格证上岗?我们公司坚持教练持证上岗,这是对每一个信任我们的客户的保障。第二,体育变身"形式教育"。从网络上的"中国儿童足球操"中,不难发现一种"为了做而做"的体育态度,这和体育精神是背道而驰的。我们坚信体育应该成为青少年的生活方式。我们公司在和杭州市余杭区的项目合作中，坚持让专业的足球教练进入学校，从社团抓起，打好足球基础，用两年时间带领余杭区少年足球队实现了从无名次到获得杭州市"市长杯"校园足球精英联赛第四名的成绩跨越。

余杭区少年足球队获奖

从青少年体质测试到国民体质健康，体育一定会在社会大众的生活中扮演越来越重要的角色。虽然体育产业还处于发展初期，但随着全国青少年校园篮球、足球特色学校建设，篮球技术、足球绕桩动作被纳入学生中考体育测评，民间体育赛事日趋成熟多样等一系列国家层面和民间层面对体育产业的支持和推动，我坚信体育产业未来可期，潜力巨大。

◆ 高峰手记：

作为一名运动生涯超过 12 年的专业运动员，陈文慧说坚韧和拼搏是体育带给她最宝贵的精神财富。无论在田径场、考场抑或竞争激烈的创业场上，她都将身上的每一分光和热发挥得淋漓尽致。"相比创业者这个身份，我更愿意把自己看作体育精神的传递者，体育带给我的一切，我希望能传递给更多的孩子。"陈文慧是这么说的，也是这么做的。

张莆：
教育是一个灵魂
唤醒另一个灵魂

张莆，杭州知习好悟科技有限责任公司创始人、董事长兼 CEO。

毕业于浙江大学海洋学院，连续创业者。2014 年本科在读期间开始连续创业生涯，联合创办杭州思聪文化有限公司，主营快递广告业务，任 COO；2015 年联合创办杭州云梯科技有限公司，任 COO，该公司截至 2020 年已融资过亿元；2019 年创办杭州知习好悟科技有限责任公司，任 CEO。

杭州知习好悟科技有限责任公司（以下简称知习好悟科技）成立于 2019 年 11 月，前身为口袋题库考研 App，是一款为考研学子量身打造的手机端学习工具，覆盖全国 1000 多所院校，提供超 30 万考研题目，供考研学子随时刷题练习，提升学习效率，也是目前国内影响最大的考研题库产品。知习好悟科技提供政治、英语、数学及计算机类、艺术类、汉语国际教育类等线上考研直播、录播课程。目前累计用户超过 500 万人。

知习好悟科技聚焦线上教育开放产品的工具属性，服务大学生，并打造研究生创业平台，为研究生提供可以生产题库、电子书、模拟考试、在线课程、直播课程的平台。研究生入驻平台之后，可以将自身的知识储备转化为知识产品，在服务更多人的同时实现营收。平台除提供工具支持之外，还提供流量扶持，共同销售知识内容服务。

2020 年伊始，公司获得新华社《半月谈》杂志社的独家合作，共同打造公务员考试、考研相关的教育产品，协同权威媒体的宣传资源和教育资源为更多的大学生服务。公司和中国联通共同打造了独家大学生学习套餐，在运营商的话费套餐体系下，提供大学阶段所有考试的辅导内容，以包月的形式服务学生。

高峰：作为连续创业者，你对创业有什么感悟和认知？

张莆：创业，真的是九死一生，在亲身经历过创办公司之后，我并不推荐大学生贸然创业；大学生创业，可能是"九十九死一生"。很多人可能会看到某一个行业某一个问题没有得到合理的解决，便想去解决这个问题，这可能是其创业的初心。我创业的初心就是针对教育行业资源分配不均衡的现状，想要将研究生的资源和正在准备考研的学子联系起来，于是做了"口袋题库"这个产品。如果只有我一个人，我可能最多坚持3个月；之所以坚持下来，是因为我有一个核心的创始团队，团队共有6个人。所以现阶段我建立公司的初心要加上一点：要让我们这一群人一起做成一件事情，一起成功。其实现在每一个行业都值得被改造一次，这也是越来越多人创业的原因。但创业成功的一定不是个人，而是一个团队。创业有所成，需要改变的肯定也不是一件事，而是一系列相关的事情。

高峰：知习好悟科技致力于创造的社会价值是什么？经济价值又如何体现？

张莆：知习好悟科技要创造的社会价值，其实是中国在不断变强的过程中需要的基础价值，即人才的价值。改革开放四十年来，中国研究生以上学历的人才数量其实不到1000万，但正是这1000万人，在国家的快速发展中发挥着重要的作用。我们在应试的维度上不断帮助本科生成长为研究生及研究生以上学历的人才，我们在非应试的维度上更是要帮助所有考生学会适应考试，适应做研究，适应生存，以及到最后学会奉献自己的力量。如此，我们培养的人才具有了社会价值，这便是我们企业的社会价值。而在人才不断成长的过程中所产生的课程辅导、知识内容沉淀，以商品的形式进入市场，产生市场经济价值，这是第一种经济价值；我们培养的研究生具备了教学教研的能力，这种能力可能会成为他们的一种生存手段，为他们提供一种就业选择，这是第二种经济价值；在整个平台的搭建过程中，我们规范了平台上所有个体的税收等问题，这是第三种经济价值。

张莆正在上直播课

高峰：对于教育培训行业的市场前景，你怎么看？

张莆：2020 年是具有转折性的一年。以疫情为界线，教育培训行业可以分为 2020 年之前和 2020 年之后。

2020 年之前，很多地区在线教育的参与方式还很单一，在线教育本身并没有得到很好的普及，也没有受到足够的重视。2020 年之前，教育培训行业绝大部分营收停留在线下实体教学，学生及家长对面对面教育的需求大部分还局限于线下市场。

2020 年年初，一场新冠肺炎疫情让所有学校都初步接触了在线教育。疫情期间，绝大多数线下培训机构都面临转型或破产的局面，之前就已布局过线上教育的公司尚且能够平稳度过这个阶段，而部分只做线下的机构则基本濒临破产。

在此之后，凭借信息不对称展开的业务更加没有生存空间。在线上教育普及的过程中，更多的信息不对称的问题被消解。未来的教育培训行业一定更加重视线上教育，在线授课方式一定会更普遍，而且用户对服务的要求会更高。把线上服务做出和线下一样的效果，是企业能走得更稳更久的方向。

我们公司也一样。在疫情发生之前，我们就坚定决心只做线上的产品和工具，并将服务更多的人上手线上教育教学产品的研究制作作为一条暗主线去发展。在不断打磨线上刷题、课程产品的同时，将所有功能向老师开放，帮助老师在现有工具的基础上创造出更多教学内容产品。

我们觉得这条路可以走得很久，而且 2020 年才是在线教育服务环节起步的时间点。我们将会每年深入服务 100 位老师，影响 1000 位老师；在不断完善服务体系之后，进驻学校、机构等合作单位，让产品和技术的能力得到更大的发挥。

高峰：公司的产品是否存在"天花板"？未来公司计划在垂直方向深度

钻研还是另有打算？

张莆："天花板"的问题是每一家公司、每一个创始人每天都要思考的问题。无论规模多大的公司，都是从小做大的，在能力值和努力程度相同的条件下，选择不同的方向，造就的公司会有天壤之别。阿里巴巴和新东方就是一对很好的例子，当然，新东方已经做得很成功了。

在思考"天花板"这一问题上，我的第一个阶段是做口袋题库考研 App 的时期。如何服务好 400 万考生，如何生产更多的内容，如何吸引更多的用户，这些是我当时一直在思考的问题。我也曾考虑横向拓展，即在其他考试领域复制这套模式，比如公务员考试。但这个想法其实是幼稚的。产品可以复制，人才很难复制，如果人才梯队跟不上，是很难做起来的。因此，2019年，我们在明确自己的核心竞争力之后确定了新的方向，就是用我们的产品及经验赋能更多细分领域的人，帮助他们成功。

当然，这也是一步步推演出来的。首先，我们考上研究生、出书，然后结合移动互联网做 App，在这个过程中研究怎么把同样的内容打造成形态不一样的产品（如题库、课程、直播等）；其次，我们就不同形态的产品所对应的推广模式、销售方式分别做了研究，这些经验是新的从业者无法快速掌握的；再次，我们在细分领域积累了一定的流量和成功经验。我们因此总结出自己核心的竞争力，即工具型的产品和从业多年的经验。于是我们把方向确定为打造一个平台，通过平台赋能更多的人去生产并出售自己的知识内容产品——这就到了第二个阶段，我们可以将同样的能力复制到其他细分领域，基本不存在复制人才的问题，这就可以打破细分领域的"天花板"。

第三个阶段就是思考清楚定位的"天花板"之后，我们开始思考其他的"天花板"在哪里。我们找到了最直接的一个点，就是流量。这也是我们推进和新华社《半月谈》杂志社及中国联通合作的原因，通过这些合作去解决流量的问题；有了流量之后，才能赋能更多的参与者。

　　如果成长起来，未来，我们会打造两条供应链：一是教师的供应链，二是内容的供应链；同时会形成我们的流量分发池，把教育资源分发给目标用户。这就是我对未来的畅想。

知习好悟科技团队

　　高峰：你觉得现在的应试教育还存在什么问题？

　　张莆：我本人就是应试教育的受益者。从贵州来到浙大，大学期间及毕业后创业都得到了浙大这个平台上各种资源的支持，可以说，如果没有浙大，我不会走上创业的道路。中国的应试教育是相对公平的，无论是高考还是考研，都为这么大基数的人口提供了真正改变命运的上升通道。但中国的教育资源一定是分配不均的，这与教育从业者的培养、数量及地域分布等各个方面都有关。所以第一步一定是解决教育从业者的问题，然后是解决分配的问题。在线教育提供了一个渠道，一个落后地区也能享受优质教育的渠道，但纵观东西部基础教育的差距，发达城市和农村教育的差距，这个问题的解决一定是长期的。作为教育行业的参与者，我们也在为解决这个问题奋斗。

还有一个问题就是大部分人集中关注于应试教育的应试环节，忽略了在其他环节上的培养，导致了高分低能的现象，这个问题在一线城市已经引起了家长的重视，有了一定程度的缓解。从我的角度来说，我们的确需要在应试之外的维度上引导考生。其实一场考试，除了具体的考试内容，对驱动力的培养、心理状态的调整、学习方法的训练也至关重要。"学霸"除了分数遥遥领先之外，其学习方法、学习心态、学习动力也是领先于别人的，而这方面却是现在教育从业者关注不多的地方，也是我们值得下功夫研究的地方。

总之，教育的问题，其实也是一代又一代人的过渡问题。教育资源、教育方式落后的问题，一定会被逐渐解决。我们在国家制度的大体系下从业，一定不要忘记教育的本质，是一棵树摇动另一棵树，一朵云推动另一朵云，一个灵魂唤醒另一个灵魂。

◆ 高峰手记：

知习好悟科技在对发展方向的探索及对教育行业的思考过程中逐渐明确了自己在教育培训行业的定位：为教育行业培养更多从业者，生产出更多更好的教育内容并为促进教育资源的合理分配做出努力。以张莆为代表的团队坚守教育的本质是一个灵魂唤醒另一个灵魂，除了在应试环节帮助考生提升学习效率之外，也在应试之外的维度努力引导考生成为真正会学习的人。

魏力：

新经济背景下的创新品牌，
从数字化走向国际化

魏力,杭州乐萌信息技术有限公司创始人、董事长兼 CEO,nomoface(银河儿童俱乐部)品牌创始人。

浙江大学 2016 级 MBA,连续创业者。曾任金帝集团顶盛家具品牌运营部总监,负责集团新家居生活品牌的孵化及运营。2014 年创立杭州谟伽品牌策划有限公司。有多年品牌运营服务经验,曾为淘宝天下、B.Duck(小黄鸭)、裂帛、张小泉、万达地产、K11、星光百货等品牌提供相关服务。2016 年创立 nomoface。

杭州乐萌信息技术有限公司(以下简称乐萌)的主要业务涵盖商业体儿童集合体验店、全球设计师品牌代理运营,以及结合供应链的童装品牌孵化。公司首家线下门店于 2018 年 6 月在杭州嘉里中心开业,累计营业额超 200 万元。截至 2020 年 5 月,公司共计收到国内近 30 家商业体的开店邀约,包括杭州大厦、印象城、万象城、大悦城、EAC、龙湖天街、蓝色港湾、K11 等知名商业体及品牌。公司于 2020 年新冠肺炎疫情后与杭州万科展开深度合作,以 500 平方米的"银河儿童俱乐部"作为体验中心,尝试探索线下新经济、新形势下的零售新模型,并且在疫情期间完成对两家儿童教育公司的并购。

乐萌已经代理全球 50 多个品牌的童装,并受邀参加 2019 年上海 Playtime 展、2020 年东京及巴黎 Playtime 展。此外,乐萌目前已与天猫部分 Top 30 童装品牌达成合作,为它们提供形象片拍摄、视觉设计等服务。乐萌计划在 2020 年协同设计师与具备 20 年制造经验的供应链企业合作孵化 3 个独立童装品牌，预计将达成销售额 1000 万元。公司规划在 5 年内通过新零售新渠道的增长成为拥有自有品牌矩阵的全球化时尚品牌集团。

乐萌先后获 2019 年杭州"文创新势力"之"十大最具创新潜力奖"、InnoBrand 2019 时尚创业大赛全国十二强等荣誉。

高峰： 你是怎么想到创立 nomoface 的？

魏力： 多年来，我们的团队一直在为国内的一线消费品牌及商业体做品牌策划的相关服务。在成为孩子家长之后，我发现国内的儿童消费市场缺乏强有力的品牌。2014 年以后，由于电商品牌的大量出现，传统的线下渠道品牌渐渐失去竞争力，而商业体对新品牌的需求又客观存在，于是我就考虑自己创立一个新的儿童消费品牌。2016 年，我有幸被浙江大学工商管理学院录取，在跟着老师学习的过程中，我发现一家好的企业不但要有好的商业模式，更要具备正向的价值观，具备卓越的创新能力，我对自己的要求也就不断提升，并开始尝试进行融资。我们希望借助资本的力量，让公司快速成长为拥有全球化视野的零售企业。

高峰： 你理想中的 nomoface 是什么样的？

魏力： 我们目前主要有两块业务，一块业务是线下的体验门店。我们2020 年与万科地产合作，首度采用商业体与品牌联营的方式，打造一个儿童体验的空间。在这个空间里，有零售业态，有服务业态，还有儿童美术馆及工作坊，给商业体带来了非常丰富的内容产出，也给线下的消费者提供了更丰富的体验。未来，我们还会尝试将这样的体验中心在万科的一些高端社区的物业落地，进而慢慢将业务模式拓展到全国。另一块业务是我们会协同国内的数家童装制造商与电商渠道，以成为"中国版的优衣库"为目标进行自主品牌的产品研发。在新经济形势下，我们打算采用数字渠道与线下体验店结合的方式来建立新的全球化时尚品牌，希望有机会让中国品牌走向世界。未来 5 年，相信我们可以成为全球领先的儿童时尚品牌集团，成为市值百亿的行业标杆企业。

高峰：nomoface 的发展规划是怎样的？

魏力：我期待未来 3～5 年国内一些主要城市都会有 nomoface 的儿童体验中心，更多小朋友可以在这些体验中心里接触到各种各样有趣的内容。另外，未来我们可能会承担一些公共艺术教育，以及小朋友的哲学、体育教育等非学科类的教育普及，比如在我们的体验中心举办一些小的美术展览，或者打造艺术家的创作现场。

nomoface 宣传海报

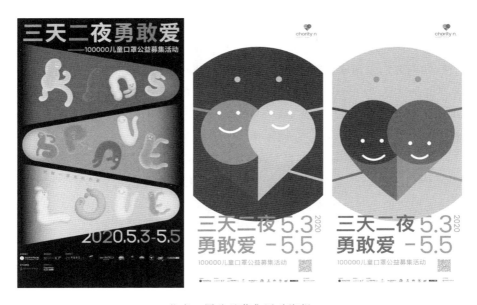

儿童口罩公益募集活动海报

同时，我们会在线上组建一个几十万人的家庭社区，持续为他们输出一些优质的内容，保持良性的互动，慢慢地影响到更多的家长，使他们通过nomoface 的产品和空间，感受到这个世界是很多元的，小朋友需要接触的东西也是。家长要做的，就是陪伴小朋友一起成长，陪伴他们去探索更多奥秘。如果我们能把这样的价值观带给更多家庭，我就觉得在某种程度上我们是成功的。

高峰：作为一家零售企业，新冠肺炎疫情是否给你们带来了非常大的影响？你们做了哪些应对？对行业未来的判断是怎样的？

魏力：疫情给我们带来的影响是近 5 个月几乎没有收入，大量的合作品牌也进入休克或濒死的状态。我们关闭了一家成本较高的门店，进行了小规模的裁员。在 3 月复工之后，我们确定了与万科地产的合作，拿到了一个近 500 平方米的场地，联合打造运营线下儿童俱乐部这样的新型体验业态。4 月，我们并购了两家特别有潜力的儿童 STEAM 教育公司，一方面能为门店提供非常好的内容，另一方面也能增加门店的收入。劳动节期间，我们公司的小伙伴放弃了休息时间，联合浙江省妇女儿童基金会做了一场公益直播，为疫区即将复学的小朋友们筹集了 2 万个儿童口罩。

我看过一篇行业研究报告，报告称新冠肺炎疫情可能导致二战以来最严重的经济萎缩，从金融到酒店业，所有行业无一例外地遭到重创。时尚业本质上出售的是可选消费品，因此尤其容易受到波及。从 2020 年 1 月初到 3 月，服装、时尚和奢侈品公司的平均市值下跌了近 40%，跌幅较整个股市严重得多。疫情也逼着很多老牌企业进行数字化转型，我们甚至看到很多一

nomoface 已为超过 1 万名小朋友提供产品及服务

线企业家在做直播。零售行业会是复苏相对比较慢的行业，大部分公司无法承受持续 3 个月以上的现金流问题，所以疫情后会出现大量企业死亡或停摆的情况，这样的形势也给了我们这样的新品牌反超的机会。我想，未来我们有几方面的工作是要重点做好的：一是要做好零售品牌的数字化渠道建设；二是要更加准确地迎合疫情后的消费者心态，做一些风格简约、价格亲民的产品；三是要改变传统零售企业的价值链体系，采用构建价值网络的方式进行创新探索。

◆ **高峰手记**：

　　nomoface 是近年从浙江大学在校学生中诞生的较富创新精神的新经济消费品牌创业项目。创始人魏力拥有多年品牌咨询及供应链管理经验，在疫情形势下不畏困难、勇于探索，积极发掘商业地产行业的需求，创新性地提出联营模式，在线下业态普遍停滞的情况下给出了自己的解决方案。在零售方面，nomoface 的项目团队积极整合供应链及数字化渠道资源，孵化自有品牌，为疫情后的经济复苏及品牌竞争做好充分准备。在他们身上，可以看到国际一线的产品设计能力和持续而坚韧的创业者精神。相信在不远的将来，nomoface 会一鸣惊人，成为从中国走向世界的全球化新经济消费品牌。

后　记

2020 年年初，一场突如其来的新冠肺炎疫情席卷我国和世界，中国经济和全球经济受到前所未有的严峻挑战，统筹推进疫情防控和经济社会发展工作成为重中之重。2020 年，是中国全面建成小康社会和"十三五"规划收官之年、脱贫攻坚战决胜之年，也是"两个一百年"奋斗目标的历史交汇点。在这个特殊的历史时刻、重大时刻，中国经济更加迫切地需要通过创新、创业、创造提供发展新动能，优化经济结构，促进产业创新和转型升级。

高科技创业，比什么都更需要人才，也更需要生态系统的支撑。2017 年11 月在地方政府挂职后，笔者将自 2008 年开展创业教育以来的探索和实践，进一步进行提炼和提升，以"融合共生、协同天下""自主创业教育 2.0—9.0 的立体融通"等为出发点，全力以赴打造了"九核协同"高科技创业加速生态系统，以助力高科技企业实现持续快速健康发展：

1. 充分发挥浙江大学的创新创业教育优势；

2. 充分发挥长三角区域的创新创业生态优势；

3. 深入落地地方政府的顶层设计和政策支持优势；

4. 深入落地导师团队创新创业战略指导能力优势，帮助企业实现资源协同，超速发展；

5. 深度建设与头部创投机构、投行融合共生、协同发展的生态；

6.前瞻性布局引领性的产业资源深度整合平台,指导企业进行高水平的产业整合,打通产业链条;

7.与头部律所协同,做好企业登陆资本市场的高水平法律服务;

8.与头部银行的公司业务部协同,做好企业的金融服务,并依托其资源打通企业发展的产业链条;

9.积极推动头部创投与地方政府合作设立专项基金,推动设立科技成果转化引导基金,通过两个专项基金,协同更广泛的资源,助力企业发展。

"九核协同"高科技创业加速生态系统,爆发出强大的推动力,生态系统支撑试点企业在一年内实现营收、估值的快速增长,迅速发展成为细分行业的领军企业。

接着,笔者又尝试打造了顶级投行、顶级风险投资机构的"双轮驱动",助推企业上市。先后打造了科创板上市"双轮驱动"、港股上市"双轮驱动"、创业板上市和美股上市"双轮驱动"。

2020年7月,笔者发起了未来科技鲲鹏企业联盟,凝聚浙大人中优秀的高科技公司创始人、联合创始人(面向四类企业:上市企业、独角兽企业、准独角兽企业、准独角兽培育企业),通过两个融合共生,一个是成员之间的"内融合",一个是联盟与外部优势资源的"外融合",以及内外两个融合的协同,建成优秀高科技公司融合共生、协同发展的生态体,助力成员企业成长为行业领军企业、世界领先高科技企业,实现科技报国,产业报国!

在开展上述工作的过程中,笔者与创业者们有了比以往更多的深入交流,更加深刻地体会到了他们深沉的家国情怀、强烈的历史使命感与高度的时代责任感,更加系统地了解了他们的宝贵探索与前瞻思想。由此,产生了写一本"特别"的书的想法——整本书都是对话,连卷首语也是对话,更精炼、聚焦,"原汁原味"。这个尝试,希望大家能够喜欢。

高　峰

2020 年 11 月 16 日